产教融合实训基地建设研究

黄杉　韩雪　著

湘潭大学出版社
XIANGTAN UNIVERSITY PRESS

图书在版编目（CIP）数据

产教融合实训基地建设研究 / 黄杉，韩雪著. -- 湘潭：湘潭大学出版社，2023.5
ISBN 978-7-5687-1125-8

Ⅰ. ①产… Ⅱ. ①黄… ②韩… Ⅲ. ①产学合作—研究—中国 Ⅳ. ①G520

中国国家版本馆 CIP 数据核字（2023）第 102412 号

产教融合实训基地建设研究

CHANJIAORONGHE SHIXUN JIDI JIANSHE YANJIU

黄杉 韩雪 著

策划编辑：丁立松
责任编辑：丁立松
封面设计：万典文化
出版发行：湘潭大学出版社
社　　址：湖南省湘潭大学工程训练大楼
电　　话：0731-58298960 0731-58298966（传真）
邮　　编：411105
网　　址：http://press.xtu.edu.cn/
印　　刷：长沙创峰印刷有限公司
经　　销：湖南省新华书店
开　　本：787 mm×1092 mm 1/16
印　　张：10
字　　数：220 千字
版　　次：2023 年 5 月第 1 版
印　　次：2023 年 5 月第 1 次印刷
书　　号：ISBN 978-7-5687-1125-8
定　　价：58.00 元

PREFACE 前 言

产教融合是实现校企“双赢”、全面提升的重要手段和有效途径，是职业院校教育价值、社会价值和经济价值的集中体现。通过完善制度建设、优化课程设置、创新办学模式、打造双师团队、提高企业认识等，可以助推职业院校产教融合科学模式的构建与实施。实践育人是职业院校人才培养的重要环节，也是区分职业教育与普通高等教育的关键指标。实训基地作为职业院校实践育人的主要场所，旨在培养学生的职业技能、提升学生的职业素养，担负着职业院校大部分的实践教学任务，其重要性不言而喻。然而现阶段，职业院校实训基地普遍存在着重建设、轻管理的问题，远未达到以市场需求为导向培养高素质技术技能人才的目标。只有把教学与产业紧密联系在一起，将理论知识与生产实践紧密结合在一起，让学生学中做、做中学，实现真正意义上的产教融合，才能发挥实训基地应有的作用。

本书论述了产教融合实训基地建设方面的内容，从高职院校实训基地建设的意义及发展出发，提出了“产教融合实训基地”这一概念。首先，在此基础上总结出多元共享性、高等性、职业性、实训性、区域性、开放性等产教融合实训基地的基本特征。其次，对建设高职教育实训基地所需具备的基本条件进行分析，重点突出实训基地建设的科学性、规范化管理，以及打造精干实用的实训“双师型”教师队伍的方法等内容。最后，对实训基地管理提升策略进行总结。通过本书的研究，以期其结果能够推动我国职业教育的发展。

本书在撰写的过程中，得到了许多专家学者的帮助和指导，在此表示诚挚的谢意！由于笔者水平有限，书中难免存在不足之处，恳请读者批评指正。

CONTENTS

目 录

第一章　产教融合下实训基地相关理论

第一节　产教融合相关理论及模式变革

一、产教融合的相关理论

（一）三螺旋理论

1. 三螺旋理论基本概述

20 世纪 90 年代，随着现代大学地位与作用的变化，美国纽约州立大学亨利·埃茨科维兹（Henry Etzkowitz）教授首次提出创新结构理论——三螺旋理论。三螺旋是一个分析性的规范概念，它起源于不同社会中政府在与学术界、产业关系中角色的转变，既相互独立又相互依赖的“大学——产业——政府”之间的相互作用是改善知识社会中创新条件的关键因素。三螺旋模型包括三个基本要素：第一，在一个以知识为基础的社会中，“大学”在社会创新中扮演的角色更加突出，大学的作用与政府的作用、产业的作用不相上下；第二，大学、产业、政府三方之间会进一步建立创新合作关系，政府制定的创新政策是三方相互作用的自然结果，而不是仅仅出自政府一方；第三，大学、产业、政府每一方在完成自己传统功能的同时，也承担另外两方的部分角色和部分功能。因此，埃茨科维兹主张，“大学”应当与“产业”建立起良好的合作伙伴关系，而“政府”应当支持大学与产业之间这种关系的形成。大学不是产业，却具有产业的某些功能，大学在参与产业机构、政府机构之间的互动活动中仍具有自己的界限和范围，仍要保持自身的相对独立性。三螺旋理论并不强调大学、产业、政府之中谁是创新主体，而是认为三种机构都可以是社会创新的组织者、参与者和创新主体。在创新活动的整个过程中，或者在创新的任何阶段，无论是以哪一方为主，最终三方的互动都是要形成动态的三螺旋，推动社会各种创新活动的深入开展。在这个三螺旋式的互动过程中，大学、产业和政府三方各自都有独特的作用和方向，却又能彼此和谐地相互作用、协作创新、交叉融合，最终形成三方共同发展的良好态势，实现区域经济与社会发展的繁荣景象。

2. 学产研合作关系的三螺旋模型

三螺旋理论主要用于分析知识经济时代大学、产业和政府之间相互交叉影响的三螺旋新型互动关系，它强调三者都是动态体系中的领导者、组织者和参与者，强调单边在运行过程中既保持自身的特有作用，又通过三边相互作用、互惠互利，彼此重叠，达到三者共同的社会利益与目标。三螺旋理论的最大贡献，即大学在国家创新中扮演更加突出的角色，基础研究、应用研究与技术开发升级活动之间的界线越来越模糊，使得大学与企业、科研院所一起从事技术的研发、孵化与应用，并将这些成果投入到实际的经济生产活动中去。借鉴三螺旋理论，在高等技术应用性人才培养活动中，“学、产、研”三方也在相对独立的运行过程中产生交叉互动作用，都在相互影响和相互促进中达到联动上升，彼此之间具有“需求——供给”双向交互，呈现明显的三螺旋特征。可以说，学、产、研合作关系具有三螺旋式的联动作用机理，学、产、研协同创新的理想状态是形成三螺旋模型。

在产教融合办学的过程中，职业院校、企业、科研院所分别是“学、产、研”活动的主体，分别代表不同的社会角色和社会功能，各方在自身的运行中都与他方产生交叉作用，彼此既制约又依赖，互为影响。三螺旋模型大体隐喻了三者之间的这种交叉影响关系，无论哪一方最终都要融入三螺旋结构关系中，推动各自目标的实现；不管三个螺旋如何运行、交叉或重叠，彼此都不可能演化代替另一个独立的螺旋。简言之，在“学、产、研”合作系统中，职业院校、企业、科研院所都是相对独立的运行主体，都要坚持自身的角色、功能、使命和运行规律，不能越位完全替代他方。企业的主要任务是生产产品和创造经济效益，遵循的是市场经济规律，不能完全代替学校去办学，不能按经济规律去直接参与办学；学校的主要任务是培养人才，遵循的是教育教学规律，不能完全代替企业去办公司（“共享工厂”平台的公司化运营），不能按教育规律进行企业化运营管理；科研院所的主要任务是创新科技成果，遵循的是创造性思维活动规律。因此，对任何一方而言，都必须明确自身和他方的社会组织功能及差异，科学定位各自的发展目标与重点，强调彼此之间输入输出状态的动态平衡，强调彼此相互作用、正向影响，但不能越位或缺位。

（二）系统协同理论

1. 系统协同理论基本概述

协同即齐心协力、互相配合的意思。系统协同指大量子系统组成的大系统，在一定条件下，由于各子系统的相互协调、合作或同步的联合作用等集体行为，整个系统会产生1+1>2的协同效应。系统协同理论解释了远离平衡状态的开放系统，在与外界有物质、信息或能量交换的情况下，如何通过自己内部子系统之间的协同作用，自发地出现时间、空间和功能上的有序结构，从而实现整体系统和子系统的目标。协同理论的基本概念有竞争、协同、序参量和伺服。其中，序参量和伺服两个是中心概念，序参量是大量子系统集体运动的宏观整体模式，伺服即支配和规定。竞争是协同的基本前提和条件，它反映在生态系统中各个物种之间的相互竞争，是系统演化的最活跃的动力，事物发展的不平衡性实际上是竞争存在的基础。加上系统诸要素或不同系统之间对外部环境和条件的适应与反应不同，获取的物质、能量、信息的质量也存在差异，因而必定存在竞争。从开放系统的演化角度看，竞争造就系统远离平衡态的自组织演化条件，也推动系统向有序结构演化。协同是一种集体行为，是系统中诸多子系统的相互协调、彼此合作或同步一致的联合作用，是特定系统的整体性、相关性的内在表现。自组织系统的演化动力来自系统内部的竞争和协同这两种相互作用。子系统的非平衡条件下使子系统中某些运动趋势联合起来并加以放大，从而使之占据优势地位，支配系统整体的演化。序参量和系统内部大量子系统运动状态的相互作用过程，就是伺服过程，即大量子系统先产生序参量，后伺服于序参量的过程。

协同理论的主要思想和原理：第一，协同效应。由于系统内部协同作用而产生的结果，是指复杂开放系统中大量子系统之间相互作用而产生的整体（集体）效应。对于任何一个复杂开放的系统，在外来能量的作用下，或者当物质的集聚状态达到某种临界值时，子系统之间就会产生协同作用。这种协同作用能使系统在临界点发生质变，产生协同效应，使系统从无序结构变为有序结构，从混沌中产生某种稳定结构。协同作用是自然界复杂系统有序结构形成的内驱力，协同效应说明了系统本身存在自组织的现象。第二，伺服原理。即快变量服从慢变量，序参量支配子系统行为，它从系统内部稳定因素和不稳定因素间的相互作用方面，描述了系统的自组织过程。系统在接近不稳定点或临界点时，系统的动力学和突现结构通常由少数几个集体变量即序参量决定，而系统其他变量的行为，则由这些序参量支配或规定，主宰系统演化的整个过程。第三，自组织原理。自组织指系统在没有外部指令的条件下，其内部子系统之间能够按照某种规则自动形成一定的结构或功能，具有自发性、自主性和内生性特点。自组织原理解释了在一定外部能量流、信息流和物质流输入的条件下，系统会通过大量子系统间的协同作用，而自发形成新的时间、空间或功能的有序结构。

协同理论作为系统科学的一个重要分支，是一种自主、自发地通过子系统相互作用而产生系统规则的思想和方法。协同的方法从动力学角度对系统自组织的形成做了很好的描述和解释，它描述了在各种系统和现象中从无序到有序转变的共同规律，因而成为构造各类系统的理论基础和解决复杂性系统问题的方法。

2. 学校、企业、科研院所之间的协同合作

系统协同理论从协同效应、伺服原理、自组织原理三个方面解释了“学、产、研”之间的协同合作现象，实质是提倡在普遍作用机制支配下三方有序地、有效地、自组织地集体化运行。协同的主要思想和方法运用到管理活动实践时，表现为系统协同之后存在子系统同向合作，伺服互动和整体系统的功能倍增。实际上，在产教融合平台上的学校与企业、科研院所三方协同中，竞争显然不是重点，合作才是重点，交往交互产生合作，相互作用、正向影响产生合作关系。就是说，如何去组织、去实现有生命力的共生合作关系，才是产教融合平台管理所关注的重点。合作关系的演化过程有初始的存活性、发展的强壮

性和后续的稳定性三个基本问题，需要管理者从利益、收益、效益等角度加以考虑，需要强调各子系统之间同向合作、相互配合，双向影响，从而激发潜能，减少内耗，提高相关要素的工作效能并产生互补效应，最终使系统的整体功能放大。过去一段时期，职业院校在校企合作办学中寻找合作方，习惯采取传统的私人交情式合作，而研究表明，私人交情不是构成系统之间实质性合作的根源，合作双方是否具有长期交往的利益关系（正向影响）才是根源。这一点，职业院校要有充分的认识。

（三）现代治理理论

1. 治理理论基本概述

“治理”是一个政治学术语，区别于“统治”，目前被广泛应用于社会经济、政治、管理各个领域，出现了全球治理、公共治理、公司治理、网络治理、价值链治理等众多治理理论。治理理论的提出是为了解决社会“一致、有效性”的问题。在西方经济学、政治学与管理学领域，治理理论之所以引起众多学者、政治家和政治组织的共同关注，主要是因为全球化时代人类政治生活发生重大变革，政治过程的重心正在从统治走向治理、从善政走向善治。在国家或政府不能发挥主导作用而需要联合行动的领域和问题上，“治理”概念表现得很有用，国际社会是“没有政府的治理”的典型，在考虑全球化背景下建立必要的国际社会秩序、制度规则和公正方面，“全球治理”具有日益重要的意义。治理理论的主要创始人罗西瑙（James N. Rosenau）在其代表作《没有政府统治的治理》和《21世纪的治理》中，将治理定义为一系列活动领域里的管理机制，虽未得到正式授权却能有效发挥作用。治理与统治不同，它是一种由共同目标支持的活动，这些管理活动的主体未必是政府，也无须依靠国家的强制力量来实现。

2. 学产研不同系统的跨界多边治理

现代治理理论解释了利益相关者通过三式契约所构成的组织模式中的权力关系安排，强调治理结构网络化、治理工具市场化和价值取向民主化，为产教融合实践平台上学校与企业、科研院所之间网络关系的跨界建构、权力关系的运行与制衡协调、平台运营管理与育人总目标的有效达成，提供了切实可行的参考途径。现代治理理论提倡不同性质组织之间的跨界多边合作，强调合作的契约性、平等性、关系性和共享性，通过责权利对等和信息对称等进行有效治理，从合作伙伴中获取自身难以通过交易获取的关键性资源，以实现合作组织之间的资源共享、资源互补。混合所有制“共享工厂”模式的治理属于多边组织合作的跨界治理，“共享工厂”本身作为一个校企合作的新型组织系统，可以积极借鉴公司治理和价值链治理思路，增强合作体组织目标与主体行动的有效、一致性。治理的基本要素包括治理结构、治理模式、治理机制、治理绩效等，核心是协调好主体之间的各种“关系”，公司治理的核心，就是处理好所有权与经营权分离中的各种主体之间的关系。公司治理结构是用以处理不同利益相关者，即股东、贷款人、管理人员和职工之间的关系，以实现经济目标的一整套制度安排。它包括：①如何配置和行使控制权；②如何监督和评价董事会、经理人员和职工；③如何设计和实施激励机制。关于治理机制，它是治理结构下一系列权力的分配、制衡与调整的宏观行为规范和微观运作规则的综合，它主要围绕利益分享和关系协调两大核心机制展开，针对目标冲突和机会主义而采取一系列规则约束和激励。关于治理模式，在全球治理中，跨界合作组织治理一般有“主导型”和“关系型”两种模式倾向。关于治理绩效，则是对照治理目标内容进行的效率评估。

（四）社会共生理论

1. 社会共生理论基本概述

“共生”是生物科学中的基本概念，又叫互利共生、互惠共生，生物界最初提出的广义的共生概念即“共生是不同生物密切生活在一起”，并与寄生有所区别。共生对物种的起源和进化的创新能力有着决定影响。共生理论认为，共生系统具有目的性、整体性、开放性、自组织性等基本特征。目的性是共生系统的主要特征，即共生系统内部诸元素的主动性，通过主动性适应或改变环境。整体性是共生系统的基本属性，系统内各组成部分与整体之间存在相互联系和相互依存的关系。开放性是共生系统存在和发展的必要条件，即系统与其内在要素通过系统结构和层次间的相互联系作用，与环境进行物质、能量和信息交换与转换。自组织性作为一个过程演化的概念，表示系统的运动是自发的、不受特定的外来干预而进行的，系统的自组织包括系统的进化与优化。总之，共生的基本原理包括共生能量生成、共生界面选择、共生系统相变、共生系统进化等原理，其中，共生过程产生新能量是共生的本质特征，共生进化是共生系统的本质。

由此可见，共生反映了组织之间的一种依存关系和物质、信息、能量关系，共生关系的本质表现在共生过程中产生新能量。随着共生思想被逐渐应用于哲学、经济、管理等社会科学领域，人们认为，共生不仅是一种普遍的生物现象，也是一种普遍的社会现象。

2. 学产研命运共同体（“共享工厂”）的形成

共生理论揭示了社会共生系统的目的性、整体性、开放性、自组织性等基本特征，以及共生单元、共生环境、共生关系的形成路径，强调个体通过与自然、文化、社会以及与自身的共处而自然地协调各种关系，这为探寻产教融合实践平台上学产研合作教育的内在合作机理、校企合作命运共同体的形成路径及共生模式提供了新的研究视角。对称性互惠共生是自然界中的一个组织规则，也是新的合作组织形成和发展的主要动力。在共生理论中，共生关系的形成要有三个要素的支撑：主体要素、资源要素和约束条件。共生的核心是共存、共享、共赢。学产研合作表现出明显的网络特征和共生特性，“共享工厂”的办学属性和内在关系特征决定了“共享工厂”的健康发展要呈现出“学、产、研”对称性、互惠性的共生状态。也就是说，要求“共享工厂”在整合“学、产、研”不同类型资源的问题上，考虑各个共生单元的特征属性、目标需求及差异，在共生环境层面制订符合共生发展的战略规划和制度规则，形成学校、企业、科研院所之间的相依相存关系和对称性互惠共生。通过不同共生单元之间的物质、能量、信息流动和作用交互，促进每个共生单元的能量增加、能量互补和共同进化，促进“共享工厂”整个系统成为紧密合作的“学、产、研”对称性互惠共生体。

（五）生命周期理论

1. 生命周期理论基本概述

生命周期是一个生物学概念，指生命有机体从出生、成长、成熟到衰退、消亡的整个过程。这一概念引入经济学、管理学，首先运用于产品领域，进而扩展到企业和产业领域，便出现了产品生命周期、企业生命周期、产业生命周期等理论。产品生命周期理论主要研究特定产品在市场供求关系中从进入市场、市场成熟到退出市场等不同阶段及特点，主要反映某一特定市场对某一特定产品的需求随时间变化的基本规律。企业生命周期理论描述了企业发展历经创立、成长、成熟、衰退、消亡的连续演化过程，解释了企业在不同发展阶段的行为、特征及问题、影响因素等基本规律。产业生命周期指特定产业从出现、发展到衰退、消亡等具有阶段性和不同规律性的厂商行为（进入或退出）改变过程。与研究微观产品和宏观产业相比，企业生命周期理论更具有影响力和代表性。企业生命周期理论认为，企业作为人工组织，具有类似生物体的生命决定机制和进化退化机制，要按照企业生命体新陈代谢规律，通过创造生命价值而获得生存和发展的基础。企业作为具有生物特性和社会特性的复杂开放系统，发展表现为各种因素交互影响的从创立、成长到成熟、衰退的动态复杂演化过程，这个过程使企业生命周期充满不可预知性和不确定性。企业发展受到企业的年龄、规模、稳定进化时期、剧烈改革时期与产业成长率等内外因素的互动影响，并牵动企业领导者的管理模式，而企业成长中的每个阶段也支配企业领导者的管理风格与企业的转型变化。当然，任何一个企业的兴衰，都不是单一因素造成的，而是内部产品核心竞争能力、外部产业市场环境和企业家因素等综合因素共同作用的综合结果。

2. 学产研合作组织（“共享工厂”）的生命周期

生命周期理论描述了生命体的基本成长轨迹和周期性现象，解释了从出生、成长、壮大到衰退、消亡整个生命阶段及其决定机制，以及生命体在不同发展阶段的角色、功能、模式和问题归因等特征。企业生命周期理论从企业生命体的生存和发展角度考察企业的成长，动态地评价企业成长各阶段的特点及对策，揭示了企业成长与老化的部分规律，这有利于企业管理者对企业对症下药，积极改变生命周期的结构，推迟老化阶段的到来。生命周期理论为混合所有制“共享工厂”模式的生命阶段、生命进化、发展归因、发展对策等生命成长规律和生命周期现象，提供了新的认识视角和解释视角，也为学产研合作组织中的每个主体客观认识合作活动的发展阶段及特点 每个阶段的个体角色与位置关系，确定当前阶段的合作模式与决定机制、问题归因等，奠定推进合作的良好心理基础。根据企业生命周期的规律，混合所有制“共享工厂”模式无论是作为一个实体办学平台，还是作为产教融合的一种办学模式，都有从形成、发展到衰退、消亡的阶段和过程，都要经历不断进化、演化、退化的生命历程。当然，在进化和发展的任何一个阶段，“共享工厂”治理者都要客观分析当前实际问题或可能的潜在问题，积极采取相应的发展对策，避开各个阶段危及平台生存和发展的各种误区或陷阱，灵活求变，突破各个发展阶段的制约和局限，不断激发每个主体的积极性和创新活力，促进共主体的生命健康和持续成长。

（六）共享经济理论

1. 共享经济理论基本概述

共享经济是一个或多个人在与一个或多个其他人进行联合活动的过程中，消费产品或服务的行为，如汽车分享、房屋租赁分享等行为。共享经济的本质在于降低交易成本、实现成本最小化，使原来不可交易的资源进入可交易的范围。共享经济与传统经济的不同在于共享经济通过信息网络和信任搭建共享平台，暂时转移闲置资源的使用权，以闲置资源的重复交易和高效利用为表现形式。共享经济从内容形式上看，主要包括产品服务系统、再分销系统、协作式生活方式三种类型。从共享主体来看，不管供给方参与者是企业还是个体，主体中必有一方扮演消费者的角色，由此可分为四种共享方式：一是 B2C 式共享，即一个公司拥有的产品能够在网上社区被共享，直接把产品租赁给网络参与者；二是 C2B 式共享，即企业借助社会化力量运作，通过众包获取临时性劳动力，通过众筹便捷获取社会化资金等；三是 P2P 式共享，即个体参与者扮演着产销者的角色，他们之间通过共享平台，进行产品服务的分享或交换，如滴滴出行；四是 G2C 式共享，即共享产品的拥有者是政府或分支机构，城市自行车就是 G2C 模式的典型案例。总之，共享经济模式下的参与者行为，是由消费需求方、服务提供方、平台运营商三方参与动机契约而成的互利互惠活动，核心是降低交易费用，提高商品和服务的效用价值。

2. 产教融合平台的“共享工厂”模式

共享经济模式的相关理论从“供应方与需求方”“互联网技术平台”“信任机制”三个层面，描述共享经济形成的因素与模式，解释共享主体背后的参与动机，以及如何通过资源配置机制实现协作共享和降低交易成本。共享经济模式是基于技术手段而提升闲置资源利用效率的新范式，它以平台化、开放性、分布式和高效率为特征，整合多种要素及资源配置机制，成为一种盘活存量、提升效率和增进服务的重要举措。而共享经济模式形成的关键是制度供给，它是产权领域的一场变革，租赁合约取代买卖合约，从人格化交换到非人格化交换的转变。混合所有制“共享工厂”模式就是要依据共享经济理论的相关启示，进行产教融合平台的创新建设与实践运营，关注每个共享主体背后的各种驱动因素。或者说，职业院校与合作企业在产教融合平台上形成“共享工厂”运行模式，就要借鉴和运用共享经济理论相关观点及共享经济商业模式，基于互联网技术和社会化网络平台，从降低学校办学成本和减少社会教育资源闲置浪费出发，通过一定物理空间和共享平台来集聚“学、产、研”异质性教育教学要素资源，提供信息对称和信任交互，匹配供应方与需求方的双向供给，达成“学、产、研”三方合作的利益共赢和风险共担，提升教育教学资源使用效率和人才培养质量。

二、产教融合体制机制与模式变革

产业链与技术链、人才链之间的衔接融合，要求产业与教育通过体制变革而走向融合，产教融合正成为破解产业和教育之间的主要矛盾、解决经济社会发展不平衡不充分问题的战略抉择。我国高等教育产教关系经历了产品导向的产教关系同构、知识本位导向的产教关系弱化、创新驱动导向的产教关系恢复等阶段之后，目前已经进入了新的产教融合发展阶段。高职产教融合的创新发展，需要从高等工程技术技能人才的成长及培养规律出发，梳理高等（高职）教育产教融合体制机制变革的基本路径与典型模式，从而在产教融合体制与模式的进一步拓展和升级创新中回答“社会需要怎样能力标准的技术技能人才”或“技术技能人才应该具备怎样的知识、能力和素养”等问题，提高职教人才培养质量。

（一）工程技术技能人才成长及培养规律

产教融合即产业与教育两个系统交互融通，学校与企业双元育人主体之间深度合作，融为一体，使人才培养符合产业链、创新链、技术链发展要求，合力解决教育链、人才链中技术、流程、原理等关键问题的过程及状态。国际高等教育领域工程技术技能人才培养的普遍做法和实践经验，为拓展产教融合体制变革提供了实践经验与相应思路。工程技术技能人才在国际上通常被称为 Engineer（工程师），主要分布在工农业生产部门的相应工程领域和技术技能岗位，从事规划、设计、施工和管理等专门实践工作。经济全球化和教育国际化趋势，促使各国必须培养符合国际水准的合格工程师，以在世界经济秩序中赢得有利地位。有研究表明，我国工程技术技能人才队伍规模庞大，但整体质量不高，尤其是解决实际问题的工程实践应用能力不足，已成为制约产业转型升级的重要因素。高等教育需要尊重并根据工程技术技能人才成长规律、人才培养的特殊规律及其内在本质要求，提升产教融合和学产研合作教育的成效，培养“中国制造 2025”需要的工程技术技能人才。

1. 工程技术技能人才的能力特质及标准

“能力”是人才规格及培养质量的最直接说明。从国际上看，以欧洲工程教育的一体化进程为代表，为统一工程师能力特质的标准并促进在国际人才市场上的自由流动，目前，世界上已建立起工程师执业资格认证和工程教育鉴定的国际性互认体系。国际上，工程师的能力特质和人才培养都有一定的标准。近年来，我国高等教育逐渐融入全球化体系，更加注重高等教育质量的提高，已将专业标准、教育教学标准等教育相关标准建设列入高等教育改革的重要内容，并强调将行业技术标准融入教育教学内容之中。从国际上对工程师能力标准认证及工程教育鉴定标准可以看出，工程技术技能人才是拥有先进生产技术的高素质的劳动者，这类人才的能力特质是具有显著的技术性、应用性、实践性等内在特征，要求具备过硬的技术技能应用能力。同时，在工程技术技能人才的能力内涵中，蕴含着丰富的实践性、综合性和人文性，普遍的特点就是，在相应的工程技术领域，能够掌握新知识、会用新技术、解决新问题。

2. 工程技术技能人才的跨界性成长规律

工程技术技能人才的成长环境一定是跨越产业界和教育界的，其完整的专业能力培养一定是跨越教育活动和生产活动的“学、产、研”共同培养，在能力成长、能力发展的不同阶段，必然要依托不同的实践技术项目的真实技术技能训练。第一，根植于产学跨界的成长环境，要求有高等专业教育与大工程真实体验的交叉融合。工程技术技能人才是在特定行业领域、技术领域和工业企业等生产经营部门，专门从事工程设计技术实施、具体操作的专业性人才，良好的高等专业教育是其成才的教育基础，工程技术实践是其成才的必经之路。研究表明，鉴于学科知识的获取主要靠学校教育（教育界）完成，技术技能的获取必须在工程真实实践中（工业界）完成，所以工程技术技能人才成长的土壤、氛围和环境，必然具有鲜明的跨界性和开放性特征。第二，完整专业能力的系统培养，要求在产教融合中实现知识习得、技术运用、问题解决。现代工程越来越显现出系统化、智能化、人性化等外部特征和科技含量不断增加的内部特征，不同类型、不同层次的工程技术技能人才，必须能运用所掌握的学科知识和先进技术，创新性地解决工程施工现场面临的具体问题。第三，在能力成长、能力发展的每个阶段，都要求依托产教融合的项目训练平台，在平台上，通过真实的生产实践和技术技能训练，实现教育成才和岗位成才的紧密结合。总而言之，工程技术技能人才成长具有跨界性、实践性和长期性的特点，教育成才与岗位成才相结合是其成长的基本规律和一般路径。其中，在学校的教育学习阶段，要为之提供工程项目训练平台，进行真刀实枪的工程技术训练；在职业性岗位活动阶段，必须介入真实的工程建设具体技术项目，持续锻炼工程技术和综合职业能力。

3. 工程技术技能人才的学产研合作教育规律

高等教育是科技第一生产力与人才第一资源的重要结合点，工程技术技能人才培养是对先进生产技术与劳动者两大要素的重要结合，必须采取学产研结合的教育方式与培养模式，培养过程必须做到产教融合、校企合作，这就要求进行产教融合办学的体制机制变革。

现代高等教育包括工程教育、技术技能教育等已进入大工程观视野下的产教融合教育时代。所谓工程，就是综合运用自然科学和社会科学的理论与技术手段去改造客观世界的实践活动，无论是高等工程技术人才、复合型技术技能人才，还是各类工程师，他们的成长都是面向世界新科技发展、社会实际需求和人类美好未来，都是基于特定工程技术领域和具体技术实践环境而持续提升完整专业能力的复杂渐进过程。工程技术技能人才的教育培养，必须体现出工程性、技术性、实践性、操作性和跨界性特点，根本途径在于遵循人才成长规律和技术技能实践规律，进行“学、产、研”合作教育。然而，我国高等教育和职业教育领域的学产研合作教育仍存在诸多体制机制障碍，必须寻求路径和模式的新一轮突破。

（二）产教融合基本路径与模式

产教融合的战略重点是通过体制机制变革，激发出“学、产、研”相结合的内生动力，激发出学校与企业、科研院所甚至政府之间寻求合作的内在需求，从而调动行业企业等合作机构的积极性。综观世界高等教育产教融合办学体制机制变革，归纳起来，主要有以下三种基本路径与模式：以学校人才培养为主导的“产学合作教育”模式创新，以企业（科研机构）技术创新为主导的“大学科技园”模式创新，以政府集成化技术创新平台为主导的“产学研联盟”模式创新。

1. 产学合作教育模式：政府扶持，以学校人才培养为主导的产教融合体制机制创新

产学合作教育又称合作教育，合作教育是一种将专业理论学习与企业实践工作有机结合的人才培养模式，最早在美国辛辛那提大学取得成功之后，逐渐扩展到加拿大滑铁卢大学、日本筑波大学等其他高校，形成了多种合作教育模式。从合作教育的国际典型模式看，政府在产学合作教育中的影响力和参与度较小，学校和企业作为主体要素，政府只是作为中间角色对合作教育进行政策性扶持和推动。近年来，产学研结合的合作教育越来越受到国家、地方政府和各类高校的高度青睐和重视。

合作教育项目主要有两种实施模式：夹心模式和整年工作模式。其中，夹心模式在大学期间可以选择 4 个月工作期与 4 个月学习期交替运行；整年工作模式是在大三结束后开始一整年工作期，然后返校完成大四课程和毕业设计。合作教育在管理机制上由政府提供政策和财政支持，合作教育协会牵头规划、标准制定和项目认证，学校负责项目组织实施，用人单位提供工作岗位并负责学生工作期的管理。合作教育项目的教学体系由实施体系和评价体系两部分组成，前者包括职业发展课程、职业生涯指导和带薪实习，后者包括工作报告、工作学期表现，分别配有任课教师和企业雇主进行指导和评价，学生实习工作情况受学校的教育与职业发展行动部、产学合作教育与专业事务办公室等合作教育机构的专门监督。总之，产学合作教育模式是在政府扶持下，以学校人才培养为主导的产教融合体制机制的创新模式。

2. 大学科技园模式：政府引导，以企业（科研机构）技术创新为主导，学校人才培养参与园区技术研发项目

大学科技园最初称大学科学园、科技工业园，是高等教育与最新科技、地方经济一体化发展的创新组织模式。大学科技园本质上是大学与企业（科研院所）政府之间协同创新的高新技术产业化的综合性科技服务平台，通过实施产业集群和资源共享的一体化合作策略，形成异质资源集聚、高新技术创新、科技企业孵化、新兴产业裂变的链式发展，实现三螺旋的组织形态与组织模式创新。

与此同时，大学科技园也是高等教育产教融合体制变革的有效模式，主要是以高科技产业为引领，以技术创新为驱动，以研发和孵化为核心，以创新创业平台建设为重点，催生出的产学研结合体。它的核心功能是集聚整合创新要素、融合培育创新创业人才、孵化高新技术产业企业、辐射引领区域产业集群发展，在政府引导下，以企业（科研机构）技术创新为主导，学校人才培养参与园区技术研发项目，高新技术孵化和创新创业培育。大学科技园在政府政策的引导下，以政策环境优越、高端人才集聚和学术资源汇聚的示范作用，聚集成“学、产、研”不同领域的一流创新资源和高端创新要素，通过完善的创新创业激励政策和中介服务、孵化器管理机构，推进学校人才培养与企业用人单位之间全方位联动合作，推进产教融合的纵深发展。高校可以充分利用园区集成共享的生产性和研发性资源、雄厚的科技力量、创新创业的先进理念与文化、环境优势，通过高层次研发机构的新技术辐射与企业（科研院所）合作建设共享性技术平台、科技创业实践平台、创业教育培训平台，吸引园区企业向学校投入新技术生产线和工艺设备，将课堂学习与企业生产实习、创新创业有机结合，共建大学生科技创新创业基地、技术技能大赛集训中心，有效实施实践教学与技术研发、生产实训的高度融合。

3. 产学研联盟模式：政府主导，以集成化技术创新平台为载体，学校参与重大技术项目攻关，进而带动人才培养

产学研联盟作为实施国家技术创新工程和高等教育产教深度融合的重要载体，已成为整合高校、科研院所的优势科技资源配置到企业科技创新活动中，促进产业技术集成创新的有效模式。近年来，地方政府积极构建产学研联盟，在政府的战略推动、政策吸引和搭台主导下，企业、高校、科研院所在特定物理空间（园区）集聚合作，开展技术合作、建立公共技术平台，实施技术转移和联合培养人才；“学、产、研”各方通过签署具有法律约束力的合作协议，缔约成员任务分工、行为约束与利益保障；设有稳定的管理机构和管理制度。产学研联盟凭借其优势互补、利益共享、风险共担、共同发展的综合优势，已成为国家实现自主创新和科技创新资源优化配置的重要手段与有效模式。研究发现，产学研联盟其实集中指向体制性“联盟”、紧密型组织模式，站在“产”“学”“研”（“政”）的不同立场和不同视角，便会有不同的概念解读、内容侧重和组织模式，比如，站在政府立场，有政府与社会资本合作的 PPP 模式；站在高等教育“学”的立场，就衍生出“共同体”“产业（行业、企业）学院”等概念模式，均涉及体制层面的产学研紧密结合的组织模式变革。

归根到底，产学研联盟是架在产业界、科技界与教育界之间并促成沟通合作、集成共享的桥梁，企业通过与大学、科研机构联盟，可以聚合科技创新力量和资源，解决单一企业面临的科技资源短缺问题，实施产业核心技术突破；大学和科研院所可以提高科技创新资源利用效率，培养和锻炼教师队伍，拓宽办学经费来源。对高校人才培养来说，产学研联盟不仅是一个产学研结合的技术创新平台，更是一个具有天然体制优势的产教融合集成化实践平台，可以弥补传统实践教学平台资源匮乏、校企合作稳定性、长效性不足的弊端：各类创新资源可以及时转化为实践教学项目资源；最新技术成果可以及时融入实践教学和专业课程内容；教师参与重大技术攻关项目和成果产业化项目可以提升实践教学能力；学生也可以参与科研项目而训练专业技能。高校依托产学研联盟，可以实现实践教学与技术实际应用的有效结合，对接技术前沿而激活课程改革，邀请生产企业和科研机构参与课程体系与教学内容的调整修订，将最新研究成果引入教学内容或进入毕业环节。可以实施能力导向的校所企协同教育模式，教学活动组织与生产实践过程、技术研发过程紧密结合，使人才培养紧跟技术创新前沿，培养质量契合产业企业发展的现实需要。总而言之，产学研联盟具有产教融合、跨界合作的体制机制优势，既可以保障科研与生产紧密衔接，实现创新成果的快速产业化；又可以保障高校人才培养与技术创新、产业发展高度契合，提升人才培养质量和产业核心竞争力。

第二节　实训基地特征及建设理论

一、实训基地特征

实践教学，顾名思义重在实践。但是这种实践不是一般意义上的实践，而是在教学过程中学习者的实践，是作为实践教学的实践。所以实践教学不仅有实践的一面，还有教学的一面。只看到学习者的实践而忽视教学的实践是片面的认识；相反，只认识到教学的实践而忽视学习者的实践也是错误的。作为实践教学的教学和实践应该是紧密结合、共同进行的，在实践之前，要进行实践的理论准备；在实践之中，要对实践做理论指导；在实践之后，要对实践经验做理论总结。在美国等西方发达国家，从幼儿教育开始，学校教育就非常重视实践在教学过程中的重要性，许多理论知识的讲授都是通过实践来实现和完成的，而不是让学生死记硬背。在中国，相对于理论教学而言，实践教学是教学过程中最薄弱的环节，也是亟待解决的重要问题。

知识来源于实践，能力来源于实践，素质更需要在实践中养成，各种实践教学环节对于培养学生的实践能力和创新能力尤其重要。实践教学是高等教育的重要组成部分，对学生的培养起着不可忽视的重要作用。实践教学是巩固理论知识和加深对理论认识理解的有效途径，是培养具有创新意识的高素质工程技术人员的重要环节，是理论联系实际、培养学生掌握科学方法和提高动手能力的重要过程。实践教学是指学生在教师的指导下以实际操作为主，进而获得感性知识和基本技能，以及快速提高综合素质的一系列教学活动的组合。它主要包括参观学习、教学实习、生产实践、课程设计、毕业实习、毕业设计、调查调研以及其他性质的实践活动等。

实训基地则是承载实践教学任务的重要基础和必备条件，是提高实践教学质量的重要因素。实训基地是指按照实践教学的根本目的和要求，在充分研究和把握学生实践特点和规律的基础上，依据一定的模式，按照一定的步骤建立的，使学生能够有目的、有计划、有组织地参与社会政治、经济、文化活动和专业实践，从而提高其专业知识、能力和素养的长期的、稳定的场所。实训基地包括校内实践基地和校外实践基地，校内实践基地是指其位置在学校内部的实践基地，有利于实践教学体系的实施；而校外实践基地是指通过学校与各类单位合作建设成立，位置在学校外部，用于在校学生提升实践能力的场所，可以将实践教学活动和生产实践结合起来，帮助学生开阔视野，理解和掌握深层次的知识。目前，实践教学更加关注大学生校外实训基地。

校外实训基地不仅是人才培养的重要基地，更是促进高校与地方产学研合作的重要纽带。在对其相关理论、实践进行深入研究的基础上，结合教育部对实践基地建设工作提出的具体目标、任务、要求来看，大学生校外实训基地是指紧紧依靠专业建设积淀，围绕区域优势资源，由高校与科研院所、行业、企业共筹共建，挂靠在企事业单位的，兼具指导功能、培养功能以及示范辐射功能的大学生教育机构，创立联合培养人才的新机制，以此推动校企在特定的培养目标和人才规格下，组建由高校教师和企业专技人员共同组成的师资队伍，协同构建科学的教学内容和课程体系协同实施培养过程，协同制定管理制度和评估方式，促进建立校企联合培养人才的新机制，创新校外实践教育模式，旨在全面深化实践教学改革，提升大学生的创新精神和实践能力，培养适应行业企业需求的高素质创新人才。实训基地是高校教学、科研和社会服务的重要平台，是人才培养、素质教育的重要场所。实践基地的建设、运行和管理质量是衡量学校办学水平的重要标志之一，作为学校办学中的一项基础性工作，在学校改革和发展中具有重要的地位。创新型国家建设的关键是人才，实践基地是创新人才能力要素培养的重要渠道和载体。

综合实训基地是指服务于不同学科之间的交叉领域，面向不同专业、不同年级的学生，开设校外大学生实践教学的综合性平台，是以转变教育思想、更新教育观念为先导，以提升学生的社会责任感、专业技术、创新意识和创新创业能力为核心，以改革人才培养模式和课程体系为重点，以提升大学生的综合素质、增强大学生的创新能力和创业能力为宗旨，以培养适应创新型国家建设人才需要为目的而建设的大学生自主学习、实践、创新的平台，旨在构建厚实的基础。学校要依托基地，注重兴趣、强调综合、强化实验、自主学习、提高能力、不断创新综合实践教学新模式。综合实训基地是一种融各专业特点、人才培养要求和企业资源于一体的校外学习实践活动的综合载体，是高等院校提高教学质量的重要硬件基础，规范其建设目标、培养定位和功能作用，形成校内外结合、全方位、立体化的校企联合培养格局，构建高校、企业、学生等多方共赢的合作机制，提升学生实践能力和职业素养，实现与社会需求的良性对接，开展规范、系统的系列产学合作教育，承担综合性培养功能，全面提升人才培养水平和质量。

大学生校外综合实训基地不仅要承担实践教育改革和创新人才培养的重任，还要注重内涵建设，以高校推广模式和产业链推广模式为抓手，通过示范推广机制创新及平台建设，充分发挥引领、示范、辐射作用，同时应具有以下特性。

资源优质性。以人才培养为宗旨，以能力提升为导向，以校外实训基地为主要载体，充分发挥企业、行业独特的物质、技术、人力资源优势，开展实践教育联动、绩效考核联评，建立联动区域内学术互动、经验交流、共建、共享、共荣的机制和格局，开创依托行业企业建立专业、互惠双赢的新局面。

基础合作性。基地具有前期良好的校企合作经验优势是建设的立足点，奠定基地建设的前提条件，才能更好地开展人才培养、师资培养、企业文化、工艺创新、技术服务与开发、应用推广等活动。

教育直观性。基地利用实物展示、示范操作、仿真模拟、现场教学等直观手段，为大学生校外实践提供大量直观的教育教学资源，改善学生的学习成长环境，引导其开展形式多样的感知，深化感性认识，提升学习积极性，提高自身运用知识解决实际问题的水平和能力。

功能多样性。以校企合作为平台，建立校企联合培养人才的新机制，推动高校教育思想观念转变，创新人才培养模式，不断增强大学生实践教育的针对性、多元性、高效性，使大学生实践教育在深度、广度、效度上得到更大的发展空间。

建设长效性。高校大学生社会实践基地建设要结合社会实践基地活动现状，注重建设的长效性和实效性。

二、实训基地建设理论

（一）实训基地建设哲学思维

作为人所特有的存在方式，人的实践能动地作用于客观世界，存在于社会生活的各个方面。实践活动的哲学基础主要包括：人的主体地位是在实践活动中确认的，实践活动是实现人的全面发展的根本途径；在实践教学基地，学生可以研究各种地理现象的发生、发展和变化规律，开展对各种自然地理、人文地理现象的调查。广泛接触社会、接触自然，有益于激发学生的探索精神，增强学生的观察能力、动手能力、思维能力和综合分析能力。通过实践教学，学生在教学中的主体地位得以确立，同时实践教学活动也全面提高了学生的科学素质，实现了全面发展的根本目的。

（二）实训基地建设智能理论

1. 加德纳（Gardner）的多元智能理论在实践教学中的应用

加德纳的多元智能理论承认人的个别差异，认为人的智能是多元的、开放的，坚持人的智能只有领域的不同，而没有优劣之分、轻重之别。每个学生都有各自发展的潜力，只是表现的领域不同而已。该理论关注学生起点行为及个体优势，强调学生潜力的发挥。

从某种意义上说，实践教学符合人才培养特点，它是实现开发潜能、发展人的个性的主渠道。对于大学生来说，他们中的多数具有较强的形象思维智能，也可以说形象思维智能是优势智能。他们经常能较快地获取经验性和策略性的知识，懂得“如何做”和“如何做得更好”。因此，针对这类学生的教学，要考虑到教学目标的定位必须明确化，教学内容的传授方式必须转换，教学方法必须适合形象思维，教学场所也应该实现多功能化。

2. 斯滕伯格（Steraberg）的智能理论在实践教学中的应用

20 世纪 90 年代，美国学者斯滕伯格在提出智力三元论后，再次发展了智能理论成功智力说。在他看来，成功智力是个人获得成功所必需的一组能力，它由分析性智力、创造性智力和实践性智力三部分组成。他认为成功智力尤其是实践性智力与传统的学业智力有明显不同，学业智力和成功智力所展现的领域不同，学业智力以传统的测评呈现，它通常给出一个明确、具体的问题，凭借语言智能、记忆智能加以完成，而实践性智力是个人解决实际工作和生活中问题的能力，它可以从个体应对或完成某项任务的表现来评判。

职业教育具有明显的生产性、职业性和实践性等特点，决定了其培养的人才除了要具有学业智力以外，还要具有良好的实践能力。对其实践能力的发展起重要作用的是实践性智力，而经验又是实践智力的重要影响因素。因此，要在了解学生原有经验的基础上，尽可能地发挥经验对智力发展的积极影响，在兼顾学生学业能力发展的基础上，强调具体工作和生活中实践性能力的培养。

（三）实训基地建设建构主义理论

瑞士心理学家皮亚杰（Piaget）最早提出了建构主义理论，他认为，作为认知主体的人，在与周围环境相互作用的过程中，建构关于外部世界的知识，离开了主体能动性的建构活动，就不可能使自己的认识得到发展。认知主体将外部信息纳入已有的认知结构或重组认知结构以吸收新的信息，在这个处于动态发展的矛盾体中，通过不断地建立认知结构与外界的平衡，实现认识的发展。苏联心理学家维果茨基（Vygotsky）则特别强调社会交往在人的心理发展中的作用，并认为人的心理过程结构，最初必须在人的外部活动中形成，然后才有可能转移并内化为内部心理过程的结构。当代美国著名的认知心理学家、教育家布鲁纳（Bruner）的认知学习理论，特别关注知识的结构、学习者的内部动机、多种认知表征方式、探索与发现未知、直觉思维、从多重观点中建构知识和价值等。

根据以上心理学家的理论，可以将建构主义应用于实践教学基地的建设中，研究建构主义在实践教学中的具体应用。根据建构主义的观点，个体学习是学生在已有经验的基础上，主动选择、加工、建构信息的过程，只能由学生根据实践活动中积累的经验构建起来，而不能以实体的形式存在于个体之外。因此，现实教学中要以学生为中心，尽量创设有利于学生学习的环境，激发学生对知识的探索热情。建设实践教学基地的过程，实际上也是为学生发展创设环境、满足学生个性发展的过程。在实际教学中，学生可以不受教学大纲和教材的限制以及班级教学形式的约束，实践教学不是对课堂教学的简单配合或课堂教学的机械外延，而是强调充分利用学生在课堂学习的理论知识，去解决生产和生活中的实际问题，提倡与当地的经济建设相联系，努力到各领域寻找和选择自己喜欢的研究课题，激发学生的求知欲望和探索精神。

（四）实训基地建设情境学习理论

情境学习理论是西方继行为主义、认知主义之后又一重要的学习理论，可以将情境学习理论观点概括如下：首先，情境学习理论强调知识与情境之间交互作用的过程，视知识为一种基于情境的活动，是个体在与环境交互过程中建构的，学习者在情境中通过活动获得了知识；同时，学习是情境性活动，学习被理解为是整体的、不可分的社会实践，是现实世界创造性社会实践活动中完整的一部分。其次，情境学习还融入了社会建构主义与人类学观点，从参与的视角考虑学习，认为学习者应当是完整的人。这不仅表明与特定活动的关系，还暗示与社会共同体的关系，即意味着要变成一个充分的参与者、一个成员、一种类型的人。因此，学习实质上是一个文化适应与获得特定的实践共同体成员身份的过程。

学生作为学习主体在实践教学基地中观察自然现象并进行实际操作，实际上就是一种知识与情境相互作用的过程。理论知识学习与实践能力培养融合在一起，创设了一个情境学习的整体环境，不仅开阔了学生的视野，丰富和扩大了他们的知识面，还培育了他们热爱地球、保护环境的意识。学校和教师也可以通过学生实践教学前后成绩的对比，总结出有益的基地建设经验。因此，情境学习理论不仅对教学中学生的主体性研究有很大帮助，而且对反思传统教学方法、重新理解学习的本质特征也具有重要的借鉴意义。

（五）实训基地建设知识观基础

本书从比较的视界出发，依据知识的建构性、知识的社会性、知识的情境性等维度，探索当代知识观的特征及其对于实践教学的启示。

1. 知识的建构性

知识的建构性，即从强调客观的理性因素转向强调主体的主动建构。在强调理性至上的传统知识观看来，认知过程是主体对客观世界理性的、被动的反映过程，有关世界的知识是可靠的、僵化的、没有活力的东西；但在强调人际沟通的当代知识观看来，知识不再被看作是有关绝对现实的知识，知识是流动的，是认知主体积极建构的，是主体与客体之间的沟通与对话。因此，不应再视学生仅仅为接受知识的“容器”，教师不应该再自视为知识的权威、学生的主宰者，而应该更多扮演知识的促成者、学生的导师。

2. 知识的社会性

知识的社会性，即从强调个体单向作用转向强调个体间交互作用。在传统知识观看来，知识居于个体内部，只涉及个体本身的世界，而与他人无关，认为获取知识的过程是个体的单向作用；在当代知识观看来，获取知识的过程不再是个体的单向作用，而是人与世界的相互作用，尤其强调人与人之间相互协作的过程。对于专业教学来说，除了使学生掌握理论知识外，更重要的便是培养实践技能、人文素养。

3. 知识的情境性

知识的情境性，即从强调知识的个体学习转向强调知识的情境认知。在传统知识观看来，知识可以脱离特定的情境借助个体的努力习得，知识的产生和所处的文化环境无关；在当代知识观看来，知识是个人与社会或自然情境之间联系的属性以及互动的产物，任何知识的取得都离不开特定的空间、时间、价值体系和语言符号等诸多因素。为此，在构建学生专业教学观的过程中，就必须更多地关注如何在实践中实现教师以经验形态存在的知识向学生个体经验的转化，关注如何通过特定情境的设计提供技能应用的情境，并让学生通过个体的亲身实践把握并寻求最佳解决途径。

三、实训基地反思性教学

（一）反思性教学概述

反思的含义是回头思考，即为了日后更好地发展，事后从已经发生的事件中总结经验、吸取教训，反思过去是为了将来。因此，理解反思性教学的内涵，就要对反思的基本组成部分有充分的理解。在教学实践的过程中，反思主体分析自己的表现并对自己的行为进行改正，从而提升自我专业教学效率和素质，同时提出反思者反思的特点是实践性、针对性、反省性、时效性、过程性。反思性教学是指教学实施人利用反思过程，探索和解决教学目的以及教学工具等问题，将教学与自我学习有机结合，不断使教学实践越来越合理。

（二）实践教育反思性教学理论

反思性教学理论要求反思者不仅要会教学，还要会学习，努力使教学活动最优化。这个理论建立在合理性的基础上。反思目的则采取了个性价值和共性价值互补的方式，并且兼顾了教学工具的技术和人文内容。反思性教学可操作性强，反思者要有较强的反思意识，并在具体的过程中采取相应的措施。反思性教学理论为培养反思型人才提供了理论依据。

反思性教学的基本点是探究和解决教学问题。反思不是简单地对教学实践情况进行回想，而是要去深究决策和技术以及伦理等层面的教学问题。反思性教学的教师不能只是教材的传递者或教学大纲的执行者，而是要在领会教材与教学大纲要求的基础上，重点解决教学中存在的问题，并在解决问题的同时优化教学过程、提升教学效果。反思性教学理论为教学实践开辟了新的道路。它启发教师不断反思，探究教学中的新问题，在探索中把自己锻炼成学者型教师，从而改变凭经验教学或简单重复教学的现象。

（三）实践教育反思性教学作用

反思性教学能让反思者产生自己的想法并和别人讨论。假如反思者能在反思性教学实践上给予一定投入，便能够从根本上改变传统的、目的性不强的行为，帮助反思者改变观念，从而有意识、有目的地从事相关活动，提高教学与反思品质。反思性教学是反思者专业发展理想而有效的方法。反思性教学是否能发挥效用、是否对反思者的学习生活产生影响，关键在于它能够在何种程度上变成反思者的日常实践。反思者需要在反思性教学过程中摸索新理念与新方法，还要充分将理论融合到实践中去，以此提高有关学习生活实践活动的深度。

教学反思来自对教学的认识与思索，它让平时生活学习中对生产生活的思索变成习惯，而这种思索也是教学实践中的环节，可以让反思主体从根本上提升自己，便于反思主体自身的进步发展。反思性教学的不同环节有利于反思主体熟悉领域内的知识，提升自我知识水平，取得长足发展。成为反思型人才能提高反思主体职业使命感。教学反思能提高反思者实践教学能力，促进反思者专业素质提高。教学反思能增强学习与工作能力，提高工作效率，增加学习与工作有效性。

实践教学可以理解为在教师传授给学生知识、技能的过程中要让学生实际去做，注重培养学生的学习能力、思考能力、想象能力、动手能力、判断能力和解决问题的能力，注重综合素质的培养，注重培养学生改造社会和自然的能力，可以说，实践教学是培养学生实践技能、创新能力的重要环节。

反思实践的方法。主要有三种：自省式，即扪心自问，自我剖析；交互式，即合作学习、对话交流、取长补短；综合式，即要求实习主把教学实践与教学研究及毕业论文写作结合起来。

反思实践的过程。应畅通信息交流渠道，加深实习教师与学生的了解与信任，使师生之间的沟通顺畅；实习教师之间相互听课，通过小组机制讨论交流，加强与实习指导教师的交流，从多方面获得交流信息，从而对交流信息进行观察、分析与整理，再对反思结果提出假设并应用于实践，总结实践过程中的经验，将其体现在实习总结报告中。

反思实践的行为。有效的反思行为来自对实践状况的组织、计划的能力和通过行动对这种计划进行开发和做出反应的能力，只有这样，学生的实践行为才能得到发展。

反思实践的结果。正是通过专业知识的发展、教学环境的把握、运用知识的能力的形成，教师才能真正地对教学实践做出灵活而有效的反应，提高专业实践技能和创新能力。

第二章　产教融合下实训基地的教学模式

第一节　创新开展现代学徒制

一、现代学徒制概述

（一）现代学徒制的内涵

传统学徒制是一种古老的职业训练方法，在职业活动过程中，通过师傅的传、帮、带，使徒弟获得职业技术和技能，主要是在师傅或专家的指导下掌握所学手艺或工艺的背景知识，取得实际工作经验。徒弟通过观察、模仿师傅的技艺，在实践中获得技能与技术，受用终身。

现代学徒制是将传统的学徒培训方式与现代的学校教育相结合的一种学校与企业合作式的职业教育制度，它是教师与师傅联合传授，课堂学习与工作岗位实践紧密结合，对学生以技能培养为主的一种现代职业教育人才培养模式。它是由企业和学校共同推进的一种培养模式，受教育对象既可以是学生，也可以是企业员工。这一模式强调能力本位思想，主张学中做、做中学，以期培养出适应现代社会生产需要，同时具备理论知识与实践操作技能的应用型人才。通过推进现代学徒制达到深化产教融合，校企合作，推进工学结合，知行合一。职业技能和培养职业精神高度的融合，是培养学生社会责任感、创新精神、实践能力的重要举措。

（二）我国现代学徒制的主要特点

1. 现代学徒制的教育性质

在教育性质上，现代学徒制属于正规教育。学校处于主体地位，企业许多岗位都需要生产者具有丰富的技术知识，只有正规职业院校才能培养出这种现代化生产者，企业在培养过程中处于辅助地位。从学习时间上来看，学生接受学校教育的时间应该占到一半以上。理论学习之后马上是企业实践，但还要根据企业的生产忙闲来决定企业实践，因此，到企业实践与学校理论学习二者不能有效对接，不能做到理论与实践的统一。另外，学校的基本技能学习往往与企业的要求有些出入。由于学校处于主体地位，往往决定了企业参与的积极性不高。

2. 体现以人为本的现代特征

从教育本身看，现代学徒制强调促进企业和学生个人协调发展。企业本位的学徒制较为注重企业发展的需要，而对学徒职业生涯发展较为忽视。我国的现代学徒制应该以系统科学思想为指导，充分考虑学生的职业转换和职业发展需要，合理协调企业利益与学习者利益，体现以人为本的现代特征。

3. 理论知识与实践能力并重

在教育内容上，强调现代技术理论知识与实践能力并重，传统的学徒制过于强调动手能力，使学习者失去发展后劲，而许多岗位对问题解决能力和创新能力的要求显著提升。因此，从知识水平上看，尽管职业院校毕业生工作在生产现场，但更接近传统企业中的工程师和高级技术员，而不是传统的技术工人。

4. 注重运用现代信息技术

在教育手段上，注重运用现代信息技术。现代教育技术为职业教育提供了丰富的现代手段，在这种条件下，一些专业实践能力的培养主要是在学校，而不是企业。

5. 逐步呈现多元化结构

在教育主体上，逐步呈现多元化结构。政府开始依法制定学徒合同，颁布职业院校和企业使用的人才培养方案基本框架；行业积极参与指导；培训企业具体实施学徒培训方案，配合职业院校完成人才培养过程；职业院校作为现代学徒制实施的基地，对人才培养质量起到保证作用。

6. 以“企业为主”的学徒制

这主要表现在“企业可结合生产实际自主确定培养对象”“学徒培养的主要职责由企业承担”“以企业为主导确定具体培养任务”等内容，即推行“招工即招生、入企即入校、企校双师联合培养”模式。此模式对企业的诉求了解更多，方案设置对企业有所侧重。

由于校、企二维角度不同，从学校角度出发，职业教育实施主体是学校，以学习的模式开展，再怎么开展校企合作，再怎么向企业学习，还是要保留学校的特点和要求；从企业的角度出发，企业是主体，围绕岗位需求开展，岗位需求导向是市场、企业说了算，更直观、更直接一些。“企业为主”的学徒培养模式有助于更快地调整技能人才的供求状况，解决职业教育培育人才与产业需求不匹配的现状。然而，不容忽视的是，特定的职业技能培训虽然有利于学员快速找到对口的工作，但是综合性知识的学习在技术人才未来职业发展中同样至关重要。从国际上的经验来看，德国职教体系的学生，并非单纯地学习企业岗位所需的技能，而是需要花费近八成的时间学习数学、科学、语言等综合性知识。

开展现代学徒制的核心目标就是提高人才培养质量，提高劳动者技能水平和职业素质，以学校为主体和以企业为主体的现代学徒制可以共同推进、相互借鉴、互为补充。

（三）开展现代学徒制的主要目标和任务

1. 开展现代学徒制的主要目标

现代学徒制应以面向市场、服务发展、促进就业为宗旨，以培育具有专业技能与工匠精神的高素质人才为根本任务，建立政府引导、行业指导、企业和学校双主体协同育人的现代学徒制度，形成校企从招生、培养到就业一体化育人的长效机制，深化教育链和产业链融合，推进现代职业教育体系建设，主动服务经济转型和产业升级。

2. 开展现代学徒制的主要任务

（1）形成协同育人机制。

进一步明确职业院校与合作企业的权利与义务，完善校企双主体育人机制，改革人才培养模式，不断探索人才培养成本分担机制。

（2）推进招生招工制度改革。

改革职业院校招考政策，改变企业招工制度，落实好“招生招工一体化”，明确学生与学徒的“双身份”学习制度。

（3）推进现代学徒制教学改革。

针对现代学徒制特点，开发并制定现代学徒制人才培养方案，形成“双体系”的校企课程结构，实施“双交替”教学过程，构建校企考核评价体系。

（4）推进专兼结合的“双师型”师资队伍建设。

不断完善双导师制度，进一步明确双导师责任与待遇，建立灵活的人才流动机制。

（5）推进优质教学资源的共建共享。

充分利用企业资源，有效地将企业岗位标准、企业管理和文化等引入学校中，校企共同推进实训设施建设，做到校企数字化资源与信息化平台的共建共享，实现校园文化与企业文化的互通互融。

（6）形成与现代学徒制相适应的教学管理和运行机制。

不断完善教学管理机制，加强课程标准建设，建立“双标准”考核评价体系，完善学徒权益保障制度。

①双主体办学，即职业院校与企业各司其职，明确权利和义务，共同制订人才培养方案，共同完成高素质技术技能人才培养任务。

②双身份学习，即在完善职业院校招考录取、改革企业用工制度的基础上，落实招生招工一体化，学徒同时拥有在校学生和企业员工两个身份。

③双场所教学，即工学结合教学模式分别在学校和企业交替进行，在职业院校主要开

展理论课教学，在企业主要开展实践课教学，双方共享企业生产设备、人员、技术和学校教学场所、设施、教师等资源。

④双证书制度，即在健全国家标准的基础上，不断推进职业标准、教学标准、评价标准等标准化建设，逐步实现职业教育学历证书体系与职业资格证书体系的有机衔接。

⑤双师型队伍，即人才培养任务具体由学校教师和企业师傅双方共同承担，在专业建设、培养目标、课程开发、实施教学、教学评价等工作方面共同发挥重要作用，以企业职业培训为主，实施师傅带徒弟教育教学方式，大力开展岗位技术技能训练。

二、现代学徒制课程体系

（一）课程体系的内涵

1. 课程

课程是指学校学生所应学习的学科总和及其进程与安排，是课程体系构建中的最小单元。

2. 课程体系

课程体系是指在一定的教育价值理念指导下，将课程的各个构成要素加以排列组合，是育人活动的指导思想，是实现人才培养目标的载体，是保障和提高教育质量的关键条件。课程体系主要由特定的课程观、课程目标、课程内容、课程结构和课程活动方式所组成，其中，课程观起着主宰作用。

3. 现代学徒制课程体系

现代学徒制人才培养目标是坚持以立德树人为根本，以服务发展为宗旨，以促进就业为导向，适应技术进步和生产方式变革以及社会公共服务的需要，培养数以亿计的高素质劳动者和技术技能人才。其核心内容有 3 个方面，即职业素养、专业技术知识、岗位职业技能。

现代学徒制课程体系通常分为 4 个模块，即职业素质养成课程模块、专业技术技能基础课程模块、岗位（群）技术技能课程模块、学徒个人职业发展需求课程模块。

（1）职业素质养成课程模块。

该模块是培养学生（学徒）具有以社会主义核心价值观为基础的职业素养（包括职业道德、职业态度和职业行为）。设置此课程模块需要注意与企业文化和岗位实际相结合。企业文化是社会主义核心价值观的载体，个人的价值实现一定要基于工作岗位。

（2）专业技能基础课程模块。

该模块应包含相对完整的专业基础理论知识体系和基本技能体系，是以行业工作岗位通用的工作任务和职业基础能力为依据，进行课程设置、教学内容开发、课程标准编制。

该模块所有课程均为必修课，学徒必须通过每门课程考核，取得全部的学分。

（3）岗位（群）技术技能课程模块。

该模块构建要以企业具体岗位的核心能力、合作企业岗位用人标准为依据，以职业资格考试为参考，开发至少两个岗位方向的技术技能课程组合模块，供学徒进行选择，课程以师傅带徒弟岗位培养为主。

制订课程标准时必须了解合作企业的相关内容，诸如工作过程、企业的生产流程、工艺、操作要求等；了解岗位技术技能规范、企业管理和企业文化，营造和模拟企业工作环境，搭建实验室、实训车间平台等；同时，把合作企业中的与工作岗位相关的知识和技能纳入学校的课程体系。通过课程有效地保证学校培养的学生更加符合企业的要求，加强学生岗位能力的培养。

（4）学徒个人职业发展需求课程模块。

根据不同职业的成长规律，该模块着眼于合作企业学徒的职业发展路径设计课程。学徒根据自身职业发展的需要，在师傅的指导下选择课程，以师带徒的方式，实施在岗的个性化培养。

（二）现代学徒制专业课程体系建设

现代学徒制包含了职业教育本真、朴素的原则——“做中学”。大量的实践操作和反复操作，使学徒不仅“会”操作，而且操作“熟练”。现代学徒制与情境学习的理论相吻合。学徒在真实的工作情境中学习，所学的知识技能与其应用之间的联系是明显的，更能理解学习的意义和价值，从而主动学习，并更有效率地习得那些知识和技能。在学徒制中，学徒通过观察师傅及其他工作者的工作，耳濡目染，从而逐渐习得那些重要的“默会”知识和技能，同时养成某职业所需要的工作态度。因此，现代学徒制专业课程体系构建的基本方法主要从以下几个方面入手。

1. 企业岗位能力的调研

通过开展行业和合作企业需求调研，明确行业通用岗位和合作企业岗位需求，以岗位职业能力分析作为现代学徒制专业课程体系构建的切入点，分析行业通用的岗位基础职业能力和合作企业岗位（群）核心职业能力。通过对具体岗位（群）的工作过程进行分析，确定岗位（群）的工作任务和内容，对每项工作任务进行职业能力分析，对分析的结果进行排序、归纳与合并，提炼出岗位（群）的通用基础职业能力和核心职业能力。

2. 校企共同制定学徒岗位标准

以企业为主，校企双方共同制定学徒岗位标准。岗位标准应当规范岗位名称，描述岗位内容，确定岗位所需的知识和专项技能要求，明确核心能力和技术等级。以企业为主，校企双方共同制定岗位群轮岗实训标准，明确规定每一个具体岗位的实训时间、操作规范、技术要点、达标要求以及轮岗顺序。

3. 校企共同建设基于工作内容的专业课程

专业课程应以学徒制岗位所需的知识和技能为载体，设计单项技能训练项目和综合能力训练项目（或案例），课程内容既要符合整个行业通用的专业理论知识和基本技术技能，也要符合合作企业所需的岗位技能。

4. 教学组织与实施

根据课程类型，灵活采用集中讲授、企业培训、项目教学和岗位轮训等教学组织形式。企业岗位轮训阶段主要以导师带学徒的方式进行教学，根据不同专业特点，1名师傅可带2~5名徒弟，组成学习小组，确保学徒熟练掌握每个轮训岗位所需的技能。

5. 开发适合岗位标准的课程资源

校企双方应当积极开发基于岗位工作内容，融入相关国家职业技能标准的专业教学内容，开发适合试点专业岗位标准与现代学徒制教学相适应的教材和数字化教学资源，及时用于教学实践。

现代学徒制专业课程如何与企业开展深层次合作，做到校企课程有效对接，这是保障现代学徒制人才培养质量的关键。当前，许多学校的专业建设仍以学科体系为主，专业课程体系与教学内容尚未完全摆脱传统学科体系的约束，教师在教学的过程中，常以知识的系统性作为教学内容的逻辑主线，由于缺乏对企业生产的理解，往往简单地将企业的重点工作项目直接作为课程教学内容的载体，使学生难以理解，造成项目偏大，针对性不强，岗位任务不能有机地融入课程内容，学生上岗后仍然需要一定的实习期。开展现代学徒制合作后，学校通过与企业开展联合办学，实施课程置换来改造旧的课程体系，即将学校的相关专业课程，部分替换为企业成熟的专项技能课程，把部分专业知识课程搬到企业中，让学生到企业上课，由企业专家通过真实环境进行现场教学。同时，把企业需要培养的职业素养课程、安全教育课程等移植到学校课堂上，运用企业培训教学模式和较为科学、系统的课程内容，对学校现行的专业人才培养模式进行改革，并紧扣就业市场需求，突出学生实际工作技能的培养，提高学生就业率。课程置换是培养“企业人”的重要途径，它将学历教育对学生素质培养与职业实践经验相结合，使毕业生在获得专业学历证书的同时，还能获得企业的行业证书和一线实践经验，从而增强学生的“求职成功指数”。

通过学校课程与企业课程对接，学校已形成校企“双主体育人”合作制度，并不断探索校企合作培养“企业人”的新形式，力求在更深层次上推进校企合作，探索建立“企业人”培养新机制。近年来，很多学校已向社会各个领域输送“企业人”，其中有不少毕业生成为企业的技术骨干，或成为各中等职业学校的实习指导教师，为学校办学树立了良好的教育品牌，这样必将有助于吸引更多知名企业参与到学校办学中来，形成校企结合、互利共赢的良好氛围和机制。

三、现代学徒制的实施

现代学徒制是根据学习者个人的情况来制订学习计划，帮助个体进步。现代学徒制中师徒之间一对一的亲密互动，为学徒的个别化学习提供了更为宽松的条件。企业通常是根据自己的生产需要提供学徒岗位的，也就是说现代学徒制是从真实的人才需求出发，将学习者“拉进”职业教育体系。这样就有利于使劳动力供需更平衡，从而避免技术浪费或技能短缺。

（一）开展现代学徒制的基本原则

1. 政府统筹

要充分发挥政府的统筹协调作用，根据地方经济社会发展需求系统规划现代学徒制试点工作。把立德树人、促进人的全面发展作为试点工作的根本任务，统筹利用好政府、行业、企业、学校、科研机构等方面的资源，协调好与政府部门之间的关系，形成合力，共同研究解决试点工作中遇到的困难和问题。大力发展现代学徒制需要成熟的立法、高效的执法，明确学校、企业、师徒的权利和义务，保证各方的合法权利和法律约束，着重解决学校和企业管理风险、企业经济效益维护、师徒权益保障等问题。

2. 坚持统筹设计，重点突破

要明确试点工作的目标和重点，系统设计人才培养方案、教学管理、考试评价、学生教育管理、招生与招工以及师资配备、保障措施等工作。以服务发展为宗旨，以促进就业为导向，深化体制机制改革，统筹发挥好政府和市场的作用，力争在关键环节和重点领域取得突破。建立教学质量标准及监控评价体系、学生质量评价体系；建立教学质量评估和监管机构，保证学校、企业、学徒三方规范化地落实现代学徒制。

3. 坚持因地制宜，分类指导

要根据不同地区行业、企业特点和人才培养要求，在招生与招工、学习与工作、教学与实践、学历证书与职业资格证书获取、资源建设与共享等方面因地制宜，积极探索切合实际的实现形式，形成特色。全面实施工匠职业从业资格考试制度和技能等级认证制度；建立教学质量第三方认证体系，建立相对独立的教学质量认证机构，形成相对全面的教学质量认证体系，采用相对科学有效的教学质量认证办法，为现代学徒制保驾护航。

4. 坚持合作共赢，职责共担

要坚持校企双主体育人、学校教师和企业师傅双导师教学，明确学徒的企业员工和职业院校学生双重身份，签好学生与企业、学校与企业两个合同，形成学校和企业联合招生、联合培养、一体化育人的长效机制，切实提高生产、服务一线劳动者的综合素质和人才培养的针对性，解决好合作企业招工难问题。

（二）现代学徒制合作企业的选择

现代学徒制企业的选择非常关键，这会影响到现代学徒制的质量。因此，必须深入了解合作企业的发展情况，对企业的生产、经营情况、企业的生产规模、发展趋势以及合作意向等各方面能力和优势进行充分了解，尤其要对企业的实践平台、产品特点是否与专业相近等进行考察，并组织相关的人员在进行充分论证和分析的基础上，从众多的合作对象中择优选择一所或者几所，必要时引入竞争机制，确保现代学徒制能够发挥效果。除此之外，企业所需要的人才类型、企业对于学校学生的薪资待遇、企业所需要订单式人才的数量，等等，也是学校方面必须和学生进行沟通的问题。进而选择出最为合适的合作企业，让学生有更好的发展。具体来说，在选择企业的时候，主要依据如下。

1. 全面了解企业的实力

校企合作模式下选择的企业最好是发展前景较好的大企业，这对于学生是一种有力的保障。

第一，被选定的企业应该是本地区发展势头好的企业。

第二，被选定的企业应该是支撑地区经济发展的骨干企业，从根本上解决政府支持力度不够的问题。

2. 选择具有积极性的企业

只有企业自愿与学校方面合作培养订单式人才的，才能够让学生学有所成，学有所用；除此之外还要考察企业的信誉度，避免出现违约现象，造成学生、学校方面的损失；要考虑企业需要的订单式人才的数量，尽可能地让每一个学生都能够得到应有的发展。

第一，被选定的企业有意愿承担高技术技能人才培养义务，也确实急需这种人才，从根本上解决企业参与热情不高的问题。

第二，充分考虑企业接纳学生人数的问题，可以选定多家企业共同参与现代学徒制，从根本上实现招生即招工。

（三）人才培养方案的制订要求

现代学徒制人才培养方案是实施现代学徒制教学及管理的主要依据。学校、企业及行业协会应根据技术技能人才的成长规律和行业企业工作岗位的实际需求，以岗位所需的职业技能为主线，按照知行合一的思想，由职教专家、企业技术骨干和学校专业教师共同按照企业用人需求来设置课程。

1. 学制

一般为 3 年。实行学分制和弹性学制管理，高职段学制可缩短 1 学年或延长 2 学年。根据专业特点和企业需求，实行校企合作、工学交替的分段育人机制。

2. 方案内容及培养目标

现代学徒制人才培养方案应包括专业岗位标准、课程标准、教学标准、考核标准、毕业标准以及相应的教学实施方案。人才培养目标应当高于同专业非现代学徒制实验班的培养目标，与相关国家职业技能标准相衔接，开展“1+X”证书或职业资格证书。

3. 教学资源配置

应明确规定各个教学阶段尤其是实践教学阶段的教学资源配置，包括实训岗位、技术力量（企业导师、学校导师）、实训场地、实训设备、实训材料、教材、课程资源等的配置与利用。

（四）现代学徒制课程的实施

课程是开展现代学徒制的基本依据，直接影响着人才培养质量。深化课程改革，构建符合职业教育规律、体现现代学徒制特征、具有地方特色的课程体系，充分发挥课程在人才培养中的核心作用，是落实立德树人根本任务、适应职业教育内涵发展、全面提高育人水平的重要保证。

1. 校企共同制定学徒岗位标准

以企业为主，校企双方共同制定学徒岗位标准。应当规范岗位名称，描述岗位内容，确定岗位所需的知识和专项技能要求，明确核心能力和技术等级，明确企业课程内容。以企业为主，校企双方共同制定岗位群轮岗实训标准，明确规定每一个具体岗位的实训时间、操作规范、技术要点、达标要求以及轮岗顺序。

2. 现代学徒制课程的基本内容

现代学徒制课程的基本内容包括公共基础课程、专业基础课程、专业技能课程和拓展课程等。

（1）课程组成。

公共基础课程包括德育、语文、数学、外语、体育与健康等国家规定的课程；专业基础课程包括试点专业必需的专业技术基础课程；专业技能课程包括学徒制岗位所需的技能训练项目（或案例、模块）；拓展课程应充分考虑学徒（学生）的个人发展需求，多样化设置，供学徒（学生）根据自身职业发展规划进行选择。

（2）校企共同建设基于工作内容的专业课程。

校企双方应当针对专业特点制定课程标准，共同建设基于工作内容的专业课程。专业课程应以企业生产任务和学徒制岗位所需的知识和技能为载体，设计单项技能训练项目和综合能力训练项目（或案例），课程内容既要符合整个行业通用的专业理论知识和基本技术技能，也要符合合作企业所需的岗位技能。

3. 建立健全信息化教学设备和教学资源

为了保障企业岗位资源的有效使用，提高校内信息化教学的有效性，学校应根据专业教学需要，配备多媒体教室、微课教室、多媒体阅览室，多媒体教室中设有多媒体中央控制器、数字投影仪、视频展示台、扩音系统等。借助信息化教学手段，利用微课、慕课、翻转课堂建立核心课程数字资源库，并与日常教学有机结合，创建多种学习途径。

为了提高企业岗位技能的有效性和针对性，校企双方应当积极开发基于岗位工作内容、融入相关国家职业技能等级的专业教学内容，开发适合专业岗位标准、与现代学徒制教学相适应的教材和数字化教学资源，及时用于教学实践。教师将专业课程内容设计融入智慧化教学应用场景，将教学内容打造为画面丰富、直观性强的学习资源，学生畅游在信息化的学习情境中，根据自己的学习兴趣及知识掌握情况，自主定义学习路径，顺利学习，轻松掌握学习内容。

4. 教学组织实施

（1）按照工学交替方式安排教学过程。

校企双方应当共同制定现代学徒制班级专业教学实施方案，根据学徒（学生）培养目标要求和校企双方的资源配置情况，将公共基础课程、专业理论课程、校内实训基地教学实践与企业岗位群轮训教学内容进行整体规划，制订教学计划，合理安排双场所教学内容和任务，配置校企双导师双向流动授课，规范课程开设，做好教学记录，按照工学交替的方式安排教学过程。

（2）突出专业技能教学特色。

专业技能教学是现代学徒制教育特色的具体体现，是实现培养目标、培养学徒（学生）职业能力和专业动手能力的重要教学过程，包括实验实训、项目设计等内容的各项专业技能教学应具备完整清晰的教学标准、指导书、教学计划和技能训练教材。专业技能教学实行岗位群轮训和岗位达标制度，每个岗位按照布置任务、策划、实施、检验、反馈、评价等完整的教学环节进行限定时间的训练，训练结束后进行考核。

（3）体现“做学教”一体化。

根据课程类型和现代学徒制岗位知识和技能要求，采用灵活的教学方法，依据专业培养目标、课程教学要求、学生能力与教学资源等，倡导因材施教、因需施教，鼓励创新教学方法和策略，采用任务驱动、案例教学、项目教学等方法，坚持学中做、做中学。教师不断提高运用信息技术的能力，加大信息化教学手段的运用，开展信息化教学。将集中讲授、学生自学、企业培训、项目教学和岗位轮训等有机结合在一起。企业岗位轮训阶段主要以导师带学徒的方式进行教学，根据不同专业特点，1 名师傅可带 2~5 名徒弟，组成学习小组，确保学徒（学生）熟练掌握每个轮训岗位所需的技能。

（4）建立多方参与的考核评价机制。

现代学徒制教学质量的日常考核要按照过程性考核和终结性考核相结合的原则，由双导师和行业、企业专家或第三方机构对学徒（学生）学习情况进行考核。考核的内容基本上是以校企双方共同制订以育人为目标的学徒（学生）考核评价标准，并根据专业特点，合理分配学徒（学生）工作态度、实训表现、理论考核成绩和专业技能考核成绩所占比重。根据每个轮训岗位的实训考核标准，合理设计各种评价表格，从学徒（学生）在岗位轮训期间理论知识和专业技能掌握程度、学习态度、实训表现、岗位工作任务完成情况和职业素养等方面，制定岗位技能考核指标和评分细则，对轮训岗位群进行技能达标考核。

5. 建立分段育人、多方参与评价的教学管理制度

校企双方负责组织现代学徒制班级的教学、岗位轮训和考核评价，并进行日常管理。

第一，学徒（学生）实行学分制和弹性学制管理。学徒（学生）的企业实践课程与学校理论课程学分可以相互置换，高职段学制可缩短 1 学年或延长 2 学年。

第二，学徒（学生）在学校期间实行班级管理为主、小组管理为辅；在企业期间实行小组管理为主、班级管理为辅的合作管理模式。

第三，学徒（学生）实行毕业考核评价制度，建立科学的现代学徒制人才培养考核评价体系。

6. 现代学徒制质量控制体系

考核内容主要包括校企协同育人机制、人才培养制度与标准、招生与招工一体化、双导师队伍建设、学徒（学生）培养与管理、保障措施以及创新点等。

建立合作企业、学校、第三方的质量评价和调控体系，切实保障现代学徒制试点培养的学生能够适应现代企业产品结构转型、技术升级的需要，查找问题，不断地总结和完善。职业院校一定要在确保学生掌握所必需的公共文化基础知识、具备良好的思想品德的基础上，加强对其技术技能的培养。按照“5 个对接”要求，设计质量调控体系，发现问题和不足，持续优化人才培养方案，不断提高现代学徒制的人才培养质量。

在考核评价中，要把好人才培养质量关。第一关是人才培养过程关，第二关是毕业“出师”关。对学生实行“双重”考核，即教师考核学生的理论学习成绩，占总成绩的50%；师傅考核学徒在学艺期的绩效，按照绩效折算成百分制，占总成绩的 50%。

（1）考核组织。

现代学徒制教学质量的日常考核，按照过程性考核和终结性考核相结合的原则，由双导师和行业、企业专家或第三方机构对学徒（学生）学习情况进行考核。

（2）考核内容。

校企双方共同制订以育人为目标的学徒（学生）考核评价标准，并根据专业特点，合理分配学徒（学生）工作态度、实训表现、理论考核成绩和专业技能考核成绩所占比重。

(3) 每个轮训岗位的实训考核标准。

考核项目包括学徒（学生）在岗位轮训期间理论知识和专业技能掌握程度，制定岗位技能考核指标和评分细则，对轮训岗位群进行技能达标考核。

第二节　创新开展混合所有制

我国职业教育发展之所以还不能完全适应经济社会发展的水平和需要，一个主要原因就是校企合作不够广泛和深入，而校企合作不足的一个重要原因就是企业作为办学主体的缺位。企业不在学校的治理主体之列，导致其缺乏校企合作的积极性，使得校企合作也很难深入。近年来，我国力推职业教育集团化办学和现代学徒制，主要目的之一就是加强校企合作，整合共享资源，提高人才培养质量，但真正取得实效的职业教育集团寥寥无几，校企之间的合作仍然没有取得突破性进展。多年的实践表明，加强校企合作必须寻找新的机制和模式，使校企之间真正形成利益共享、风险共担的关系，以提高企业的积极性。在经历多种途径的探索之后，改革既有的办学模式，提高企业的主体地位逐渐成为一种政策选择。混合所有制正是在这种背景下产生的，混合所有制的开展将对激发职业教育办学活力、提高技能人才的培养质量具有重要意义。

一、混合所有制概述

（一）混合所有制的内涵

1. 混合所有制

所谓混合所有制是指在同一经济组织中，不同的产权主体多元投资、互相渗透、互相贯通、互相融合而形成的新的产权配置结构和经济形式，从本质上说是一种股份制经济或以股份制为基础的经济。通过社会生产的交换方式、组织方式和分配方式的具体内容综合体现出来的一系列动态过程，应由不同属性的主体共同投资（出资）举办，其中具有“两个以上办学主体”和“至少一个公有（国有）制资本的主体”，是构成“混合所有制”办学的必要条件。办学主体如少于两个或没有国有资本参与，则不能称作混合所有制办学。

2. 混合所有制职业院校（机构）

混合所有制职业院校（机构）是指地方政府通过国有资本控股、参股等形式，与社会资本合作，共同出资举办并实施职业教育的新型职业院校（机构）。职业院校混合所有制可以理解为不同性质的所有制主体通过以资本、场地、设备、人员等有形或无形资产“入股”的方式共同举办的职业院校，即国有资本与集体资本、私有资本、外资等不同资本中的一种或几种混合，共同举办职业院校，实现产权主体多元化。这种模式有利于形成民主参与、互动管理、共同治理的格局，构建起决策、执行、监督三位一体，既相互制衡又相互协调的法人治理结构，由此可以兼顾多元主体的利益诉求。通过“混合所有制”这一载体，吸纳和引入各种渠道社会力量参与办学，可以在较大程度上改变单一办学主体局面，使得举办主体成为真正的市场主体，面向市场，适应需求，做到开放办学，从而在运用机制上变得灵活、富有效率。

（二）我国企业混合所有制改革

1. 我国混合所有制的分类

混合所有制改革是国有企业改革的基本方向，国有企业的混合所有制改革绝不仅仅是产权的简单混合，更主要的是治理机制的规范。其中产权制度改革是基础，只有建立了与现代企业制度相适应的产权制度，才能够完善企业的治理结构。我国存在的混合所有制主要有三大类型。

（1）公有制和私有制联合组成的混合所有制企业。

其中可以是国有经济或集体经济与外资联合而成的企业，也可以是国有经济或集体经济同国内私营经济联合组成的企业。

（2）公有制与个人所有制联合组成的混合所有制企业。

主要包括国有企业股份制改造中吸收本企业职工持有部分股权的企业，以及集体经济实行股份合作制的企业中集体所有与个人所有相结合的混合所有制企业。

（3）公有制内部国有企业与集体企业联合组成的混合所有制企业。

混合所有制经济的形式随着经济的发展进一步呈现多样化的趋势。混合所有制经济的性质由其控股主体的所有制形式来决定，不能笼统地说混合所有制是公有制还是私有制。从资产运营的角度分析，混合所有制已突破了公有制和私有制的界限，因为无论资本来源是公有的还是私有的，都已融合为企业的法人财产。在现代公司中，各利益主体通过治理结构形成一种混合的、复杂的产权安排。

2. 股权结构的多元化

建立现代企业制度并不是仅仅去追求和满足于公司制、董事会等表象的东西，而是要通过现代企业制度来实现国有企业的市场化。国有企业要建立市场化的现代企业制度，就必须进行股权结构改革。企业股东的流动对于公司的发展具有重要影响。如果缺乏股东的流动性，不但股东会被企业套牢，导致资本回报的损失，而且也会助长企业管理层的道德风险。但如果股东流动性太强，股东对企业的长期责任就会弱化，难以积极地监督企业。股东缺乏流动性和流动性过强都不利于良好的公司治理，提升企业的竞争力。在我国的国有企业中，特别是大型骨干国有企业中，国有资本的凝固化状态应该改变，股东应该有一定的流动性。

3. 混合所有制改革的必然性

非国有资本的快速增长充分反映了我国经济活力和内生增长力，具有强烈活力和动力的非国有资本要求与国有资本互相融合，在市场规律和法治规则下共同发展、增值。因此，在全面深化改革的时代，大型骨干国有企业要建立完善的现代企业制度，推行股权结构改革，混合所有制就必然应运而生，成为基本经济制度的重要实现形式。混合所有制改革必须使非国有产权和国有产权得到同样的可靠保护。

4. 职业院校开展混合所有制改革

随着我国职业教育各项政策的出台，职业教育出现了良好的发展势头，职业教育办学不再是封闭的。混合所有制的引入，通过产权结构的调整来打破固有的职业教育体制，建立与市场经济体制相适应的制度机制，推动了职业教育改革的发展。

（1）开展股份制可降低校企合作带来的风险。

在校企合作中，企业的经营效益影响着校企合作的发展，从企业经营的角度看，尽管在校企合作中，企业享用了学校的部分资源，但要抽调技术力量进行实践教学，势必会对企业的生产造成一定的影响。同时，在校企合作中，企业要承担一定的实训费用，并给学校一定经济效益，因此，企业在经营成本和经济效益分配方面承担全部责任。一旦企业亏损，企业必将面临倒闭，校企合作自然夭折。因此，为化解企业倒闭风险，学校要坚持效益优先的原则，以购买企业服务的思路开展合作。但从根本上降低这个风险，较有效的办法是开展股份制合作。

多年的实践表明，加强校企合作必须寻找新的机制和模式，使校企之间真正形成利益共享、风险共担的关系，以提高企业的积极性。在经历多种途径的探索之后，借鉴国外经验，改革既有的办学模式，提高企业的主体地位逐渐成为一种政策选择。尽管学校层面大胆探索“双主体”办学，但企业的权益没有明确的保障，这就使“双主体”办学没有取得突破性的进展。通过发展混合所有制职业院校，企业可以通过资本、技术等要素进行投入而获得一定的产权，从而使企业凭借所有权真正成为学校的办学主体；另外，企业对职业院校进行的是“投资”，不再是过去的“捐资”，投资是要寻求收益的。而投入学校的资本多了，企业自然会关心学校的办学活动。行业企业、社会组织、学校管理者、普通教职工等，都能够以资本、知识、技术、管理等要素参与办学，成为产权主体并享有相应权利，他们理应成为学校的治理主体。在管、办、评分离的基础上，通过合理的制度设计，学校与政府、社会之间，学校内部诸要素之间形成协作、监督的契约关系，一个相对完善的法人治理结构基本形成，现代学校制度就能实现了。职业院校可以在多个层次实行混合所有制，如学校、专业、车间、学生宿舍等。

（2）形成混合共同体，明确相应职责。

混合所有制改革后，企业全程参与专业建设、学校人才培养方案编制，公共基础及专业基础、岗位实践课程模块建设，教学模式改革与创新、课堂教学组织实施。校企双方共同组建课程开发团队。学校教师主要做课程的整体设计、体系性知识的讲解；企业教师主要进行实践指导，如从事教学项目的选择、经验型知识的讲解传授以及对学生实践操作的专门指导和作品点评等。

职业院校开展混合所有制有助于院校的内涵式发展，使职业教育充满活力，满足区域经济发展需要以及行业企业对技术技能型人才的需求，提升人才培养质量，促进学生技能学习与对口就业，促进职业教育质量的提升，促进国家制造业的升级与转型。

从实践情况看，目前职业教育混合所有制办学的探索实践主要集中在非公办职业院校范围，国有公办职业院校限于制度原因，混合所有制的实践迄今尚未成为整体学校层面的重点工作。

二、开展职业院校混合所有制改革

从本质上说，混合所有制职业院校是一个利益相关者组织，应该对目前的治理模式进行适当的改造。一方面，在董事会和校监会成员的安排上，可以考虑引入学生、教师、政府机构、社会组织的代表；另一方面，应正确处理好党委会与董事会之间的关系。混合所有制职业院校建立董事会制度，不是要取消原来的领导体制，而是要嵌入一种新的治理机制，优化已经趋于僵化的治理结构。职业院校开展混合所有制一般从以下三个方面入手：一是实行公办院校与民办院校委托管理。办学相对困难的学校将管理事务交给专业能力强的机构，从而提高管理效益。二是政府和社会资本用合作模式建设基础设施。鼓励以服务学生实训为目的的实训基地、以服务产业面向社会开展职业培训为目的的培训基地或其他职业教育服务经济社会发展为目的的其他合作形式，这是政府与市场组织合作提供公共产品的制度设计，可采取建设——运营——移交等多种合作模式。三是在职业院校的二级学院试行混合所有制。试行多元办学主体，引入社会力量，共同实施重大项目建设。引入国有资本、民营资本或行业资本，将二级学院的各类办学要素科学合理地整合成若干股份，实施多方按一定比例持股并按约定享受相关收益。

（一）职业院校混合所有制的形式

混合所有制职业院校办学形式主要有以下几种：公办职业院校引入社会资本，民办职业院校引入国有资本，公办、民办职业院校相互委托管理，不同资本合作投资新办职业院校，公私合作共建职业院校基础设施等办学形式。

社会力量参与举办混合所有制职业院校，存在着利益损失的风险。首先，社会力量投资举办混合所有制职业院校，既能获得经济效益，也能获得社会效益。然而，教育投资的回报是长期的。在较短时间内，社会力量可能难以从混合所有制职业院校获得可观的收益。同时，社会力量还要放弃投资其他行业而获得的收益，如房地产、互联网等。其次，承担法律风险。因此，职业院校的混合所有制大致可以划分三种形态：一是有涉及实质性产权的混合所有制（真混合）；二是半产权性质的混合所有制（类混合）；三是不涉及实质性产权的公私合作（泛混合）等，而每一种形态又各有不同的办学主体及运行方式。

1. 真混合

这种形式一般都有两个或两个以上不同所有制性质的办学主体，参照股份制企业形式，以资金、实物出资或以无形资产等折价“入股”，共同举办具有独立法人资格的学校，并且按照“股权”大小或协议约定方式，参与学校的决策、管理及“剩余”分配。

2. 类混合

这种形式多为公立学校与民间力量或境外教育机构之间所进行的合营或合作办学，虽不涉及产权交割，但带有收益分配，主要形式有公民共建二级学院和中外合作办学两种形式。

3. 泛混合

这种形式多为教育领域不同所有制主体之间所进行的一种生产要素上的优化重组，或者是在不改变产权形态下的一种经营管理权的受让，不是严格意义上的混合所有制，实质是一种公私合作伙伴关系。

混合所有制职业院校作为混合“产权”，它是基本经济制度在职业教育领域的一种新的实现形式。混合所有制职业院校既不是传统的公办职业院校，也不是传统的民办职业院校，它是现代职业教育制度建设背景下，政府统筹，社会参与，办学主体多元，办学形式多样，既有“公办”资源优势，又有市场经济特色、“民营”色彩浓厚、机制灵活的新型职业院校，是基本经济制度在职业教育领域的重要实现形式，或者说是公有制经济在职业教育领域的重要实现形式，是职业教育组织形态和现代职业教育体制机制改革的重大创新和发展。混合所有制职业院校是国有、集体和非公有资本相互融合的教育组织，国有资本（尤其是财政性经费）投入，参与举办公益性社会事业，肯定不能以“营利”为目的，其非营利性不言自明。

混合所有制职业院校是介于纯公益性事业和经营性事业之间的一种院校形态，它是用市场方式解决职业教育资源投入问题。非公有资本参与办学，不是捐资，而是投资行为，它不仅遵循教育规律，更遵循经济规律，即投资要讲回报。既然资本的本质是逐利，那么非公有资本的寻利性特征要求必须重视非公有资本的投入者获取合情合理的“回报”。“非营利”并不意味着不可“赢利”，并不排斥教育活动（如职业院校技术推广或社会服务等），可能甚至需要或者会产生适当的“赢利”（效益）。这不仅是因为教育的运行需要有一定的财力支撑，而且也因为教育事业的发展需要不断地注入资本。

（二）职业院校开展混合所有制的要求

1. 职业院校要发展、要活力、要质量，就必须走中国特色的混合所有制

公办职业院校受机制和体制影响，办学模式僵化，缺乏竞争力，难以适应市场需求变化。混合所有制作为职业院校一种新的办学模式，在公办职业院校开展有一定的难度，办学体制和运作机制没有相关的政策法规。为此，公办职业院校可以尝试同社会资本进行深度合作，合作开发校企实践基地，合作立项科研、教研项目，合作建设专业、课程等进行试点，有了一定的经验之后推广到如职业院校的法律地位、所有权划分、股东的权利与职责、治理结构、办学定位、培养目标、利益分配、学生招生与就业、培养模式、实习实训、师资队伍建设等方面。另外，教职工与学生权益保护等主要内容、学校法人办学自主权及其监督机制都要受到政策法规的保护，确保混合所有制职业院校在法律法规下健康发展。

2. 职业院校开展混合所有制不能以追求经济利益为目的

职业院校必须把握学校的办学方向，把人才培养放在首位，促进学校的良性发展。《中华人民共和国教育法》明确规定，学校属于非营利性机构，不得以赢利为目的。在合作中，如果职业院校没有决定权，学校的办学目标就有可能会偏离国家的预期目标，成为企业赢利的工具。

3. 实行董事会领导下的校长负责制，它遵循的是股东至上原则

从本质上说，混合所有制职业院校是一个利益相关者组织，但它又具有教育的特殊性，以多方共同育人为主，提升办学质量和活力。因此，应对目前的职业院校治理模式进行适当的改造。一方面，对于增量改革，在董事会和校监会成员的安排上，可以考虑引入学生、教师、政府机构、社会组织的代表。在这样的情况下，混合所有制职业院校将摈弃股东至上原则。另一方面，对于存量改革，应正确处理好党委会与董事会之间的关系。校长依据学校章程，按照董事会的战略规划，具体负责各项工作的落实以及学校的日常工作，使投资者、管理者、执行者、教职员工及其他利益相关者之间实现权力制衡、利益制衡与效益共赢。

4. 股份制混合所有制院校实行党委领导下的董事会管理模式

公办院校党政领导干部可在其中兼任领导职务或进入董事会。对校企产权明确政策界限和操作程序，明确收益分配方式，以调动社会资本举办职业教育的积极性。董事会（理事会）的组成及人选需要共同协商确定；其参与者应由参与举办混合所有制职业院校出资（或举办）的政府代表、社会组织或个人代表、院长或书记、教职工代表等人员组成。董事会是学院的最高决策机构，院长向董事会负责，由董事会任免，是落实董事会决策的最高执行者。实行董事会领导下的院长负责制，是混合所有制职业院校与公办职业院校内部

管理体制的重要区别，它在一定程度上体现了决策权和执行权的分离。董事会领导下的院长负责制确立了董事会在混合所有制职业院校中的领导地位；董事会只对混合所有制职业院校建设与发展过程中的重大问题参与决策，包括聘任或解聘院长、修改章程、制订发展规划、审核预决算、对学院发展方向加以监督等。董事会应充分尊重和发挥院长在学校内部运行管理中的决策作用，由其在授权范围内独立负责地履行职责，以保证学校内部各项政策的执行力。

（三）开展混合所有制的主要任务

职业院校开展混合所有制后，学校的一切核心工作都应围绕如何培养行业企业需要的人才这一主线，将人才培养与为行业企业服务有机结合起来。学校的发展规划、招生规模与结构、人才培养方案、专业建设、专业师资队伍建设、教育教学计划等都应按照行业企业对人才的需求合理安排。积极开展工学交替，学习和工作要相融互通，加强人才培养专业性和竞争性。以校企双方优势资源为保障，以行业企业人才需求为导向，以产教融合为目标，以工学交替为手段，深入分析企业岗位能力需求，科学制定人才培养方案，组织有针对性的理论教学、技能训练和管理培训。校企双元育人可以使学生毕业后在企业的岗位实训期提前，在校内理论学习期间加入行业管理能力的辅导与培训，开展理实一体化教学，学生毕业后即可胜任企业基本岗位，能够显著提升学生的技术技能和就业竞争力。

1. 加强专业集群建设

教学内容、过程与企业生产相对应，由企业提出最新岗位需求和标准，校企商定人才培养方向，增设相关专业，共同制定课程体系。课程体系与企业岗位深层联通，校企双方共同组建课程开发团队。学校教师主要做课程的整体设计、体系性知识的讲解、对企业教师实践指导的提炼总结等工作；企业教师主要从事教学项目的选择、经验型知识的讲解传授以及对学生实践操作的专门指导和作品点评。另外，要加强职业道德与职业精神的培育；提高教师的教育教学、实践教学能力和生产研发能力。不断提高办学效益，加强对学校管理模式的改革，激发办学活力，提高资金使用效率，提升办学综合效益。

2. 加强生产性实训基地建设

保障育人质量，为学生实训、教师实践和员工培训提供条件。学生通过实训掌握本行业新技术、新技能，教师能够开展新技术高技能实践训练，企业员工进行新技能培训。通过生产和教学的有机融合，学生自己动手设计和操作，在训练中，可以深入到更大范围的实际生产过程中去。通过实训基地真实的工作环境、生产设备、生产管理，以及真实的项目、真实产品，使学生在真实的生产或服务过程中获得真实的职业技能和经验。同时，企业的文化、管理模式、质量管理等提高了学生职业素养和职业道德，为今后走上工作岗位实现发展打下了基础。同时，也进一步满足了企业和社会对劳动力的需求。

通过开展混合所有制使校企融通，共建特色专业建设体系与发展体制，校企双方共同开展教学资源开发与实训平台建设，把企业资源支持和院校专业设置对接，推动企业资源和院校工作双向“融入”，可实现学校资源的“开放”与企业需求的结合，推进“产学研用”一体化。

3. 混合所有制企业的选择

在混合所有制的实施过程中，企业参与方的选择必须综合考虑。首先，企业的综合经营情况应良好，管理有序，产品技术含量高，有创新，在行业内有一定的代表性，对学校专业也将起到引领作用。试想如果企业的技术落后，产品滞销，自身无暇与学校合作，将不会给学校带来促进作用。其次，还要考虑企业具有爱教育之心，勇于承担育人责任，不过于计较投资回报，多年来一直为教育服务，与职业教育情结较深。这样在合作的过程中，有着共同的教育价值观，相对容易合作，并结成校企合作共同体。最后，在合作中要本着以“共建、共管、共用、共赢”为原则，探索校企合作的混合所有制模式，立足本地对专业人才的需求，围绕学校特色专业的建设，创新人才培养模式，开展校企合作育人，共建专业、课程和教学资源等，实施现代学徒制人才培养模式改革，携手打造校企合作典范，更好地服务于地方经济建设和行业人才需求。

通过混合所有制办学改革，校企双方签订了投入、管理的运行协议，明确了双方的权利与义务，真正让企业参与到办学中来，促进了校企深度融合。学校赢得了优质社会资源，企业赢得了人才和社会效益，学生赢得了快速成长的机会。

（四）混合所有制改革中的核心问题

实施混合所有制办学是一个新的课题，由于办学体制不同、地区政策不同、院校专业不同等，在全国职业院校中没有可以直接搬用的现成模式。目前，混合所有制改革遇到的问题主要反映在产权如何明晰、国有资产如何处理、学生的学费如何收取、教师的利益如何保障、内部管理如何高效运行等方面。

1. 产权配置问题

对于公办职业院校来讲，如何处理学校方投入资源的属性、界定产权类型、确定资产评估方法和流程，成为亟待解决的问题。对于企业投资方来说，投入的资金、设备和人员等也需要相对独立。如果相关资源配置和产权评估机制在办学之初未能获得各方认可，则在项目建设和运行过程中势必产生成本分摊、收益分配、日常管理等方面的纠纷，从而影响院校的正常运行，甚至危及院校本身的生存。而且一旦监管不力，很有可能会出现国有资产流失、信息失真等情况。目前，我国关于混合所有制办学的产权问题并没有一个合理规范的解释。

另外，职业院校混合所有制改革过程中办学法人主体的确定、生均补助及专项经费的拨付、学费收取标准、人事编制关系界定、产权引进及划分、治理机制确立等重大改革内容涉及不同领域、不同管理部门，需要进行特殊方式的改革探索。

当前，在实施混合所有制中，急需解决的是事业单位国有资产是否能与营利性的私营资产合作、合作的资产属性如何界定、如何评估各自的投资价值、合作过程中双方资产如何管理、如何实现保值增值、合作收益如何分配等。所以，需要国家相关部门或地方政府出台相关政策，以促进职业教育校企合作的发展。

2. 合作方的权利义务不明确

院校引入混合所有制，整个学校的办学主体就会发生改变。如何对校企双方的权利和义务进行约束和管理？院校是事业单位，是非营利机构，而投资方往往是民营企业，是营利单位，企业需要说明投入和产出，所以说双方的合作需要在法律法规的约束下进行，只有这样才能够保障双方的利益不受影响，从而激发企业方办学的积极性。

院校引入混合所有制企业，并不等于直接建立了现代企业制度，形成了现代公司治理。从直观上来看，董事会的设立和功能的发挥，被认为是现代企业制度和现代公司治理的核心。不过，设立了董事会，并不意味着董事会可以按照公司法的规定行使权力。在职业院校混合所有制改革中，董事长常常是唯一的法人代表，他有着关键的影响力和决定权，尽管这种决定权不是法定的。董事会并不能行使法律规定的重要权力，并没有真正成为市场的主体。

3. 管理机制要不断完善

（1）学院采用理事会领导下的院长负责制。

由于学校方和企业方的主要领导担任名义上的负责人，而日常的实际管理则由学校相关院系负责人、企业二级管理部门负责人负责。由于实际管理人员在资源配置、利益和成本分配、重大事项决策等方面并无实际决定权，在项目日常运行过程中就会出现职责不明、推诿拖延、监管缺失的情况，这可能影响混合所有制办学的长期健康发展。

学校党委成员通过法定程序进入董事会，董事会中的党员可以依照有关规定进入党委，董事会中的非党员可以按比例依法进入学校行政领导班子。董事会主要运作专业建设、社会合作、技术转化、产学研协调等方面的工作。

（2）建立风险防范机制。

建立风险防范机制，可为混合所有制职业院校提供发展保障。发展混合所有制职业院校，应该遵循以下原则，建立风险防范机制：第一，积极发展的原则。地方政府要大力鼓励、积极推动，使混合所有制改革成为职业院校深化改革的重要方向。第二，稳步推动的原则。发展混合所有制职业院校，政府不应设时间表、搞任务书，应有计划地推进改革。地方政府可以选择有改革意愿的职业院校进行试点，为改革积累经验。第三，降低风险的原则。发展混合所有制职业院校，地方政府应该做到公平、公正、公开，使权力在阳光下运行，最大限度地降低改革风险。

职业院校开展混合所有制办学探索，并不是为了“混合”而“混合”，其最终目的是更好地发挥企业在育人中的主体作用，承担起责任。校企双方发挥各自的资源优势，在专业建设、课程建设、实训基地建设、科研、社会服务等方面深入合作，探索实施校企一体化育人新模式，从而实现职业教育的高质量发展。

第三节 “1+X”证书制度试点探索

产业结构的每一次升级都会带动经济发展上一个新台阶。从当前我国经济发展的实际情况来看，一些地区经济比较发达，一些地区经济发展乏力，而后者的主要原因还在于产业结构不合理，产业结构升级缓慢。所以，产业结构调整升级是我国当前经济发展面临的一个重要课题。如何审时度势，抓住机遇，调整产业结构，加快升级步伐，是影响我国当前和今后相当一段时间内经济发展的主要因素。随着产业的发展，企业技术更新周期快，出现自由人才、社会化人才兼用情况，以发挥人的最大价值。同时，对学校毕业生的需求也有了重大的变化，由校企岗位能力零距离向学生基础核心能力方向转变，然而学校则面临着专业跟不上产业的发展和技术的变革；面临着人才培养定位由“不变”到“变”的选择；面临着由学校培养需要转移到企业，校企共同培养人才。如何有效地将产、教、校、企联系到一起？必须各方共同投入，发挥主体责任，来推动人才培养质量的提升。

职业教育与普通教育是两种不同的教育类型，具有同等重要地位。任何一种类型教育都要有与其教育功能和活动特征相契合的培养模式和评价制度。职业教育是使人与职业相结合的教育过程。学校职业教育不仅要具备正规学历教育的规范性、严谨性，也要有面向市场、服务、发展、促进就业的灵活性、针对性。因此，对学校职业教育学习成果的评价及证明应是学校教育的普遍性与不同行业企业职业要求的特殊性的有机结合。通过启动“1+X”证书制度试点工作，将进一步发挥好学历证书作用，夯实学生可持续发展的基础，鼓励职业院校学生在获得学历证书的同时，积极取得多类职业技能等级证书，拓展就业创业本领，缓解结构性就业矛盾。

一、“1+X”证书的内涵及特征

（一）“1+X”证书的内涵

1. “1”为学历证书

学历证书指学习者在学制系统内实施学历教育的学校或者其他教育机构中完成了学制系统内一定教育阶段学习任务后获得的文凭。“1”具有基础性、主体性，要解决德智体美劳全面发展与职业对应的专业技术技能教育，为学生可持续发展打下基础。

2. “X”为若干职业技能等级证书

职业技能等级证书是在学习者完成某一职业岗位关键工作领域的典型工作任务所需要的职业知识、技能、素养的学习后获得的反映其职业能力水平的凭证。职业技能等级证书是在梳理社会、市场需要的前提下，结合国际经济发展形势以及国家核心竞争力发展需要，由培训评价组织牵头，联合行业、龙头企业和职业院校，根据先进技术标准共同开发的。“X”具有针对性、引导性、先进性，解决职业技能、职业素质或新技术、新技能的强化、补充或拓展问题。

从职业院校育人角度看，“1+X”是一个整体，构成了完整的教育目标，“1”与“X”作用互补，不可分离。“1”凸显的是教育功能，具有主体性和基础性。“X”凸显的是职业功能，具有针对性和引导性。二者不是简单的并列关系，而是育训结合、书证融通的完整体系。“1+X”证书制度就是学生在获得学历证书的同时，取得多类职业技能等级证书。“1+X”证书制度将相关的职业教育体现为一种教育的重要特征，是贯彻立德树人的基本任务、完善职业教育的相关培训体系、深化产教融合的重要体系。“1+X”证书制度的课程体系，是将职业技能等级标准的内容融入专业课程教学中，专业能力模块化课程将培训标准与专业课程融通，教学方法采用讲授法、讨论法、直观演示法、练习法、读书指导法、参观教学法、现场教学法、自主学习法、任务驱动法等。

3. 职业技能等级证书与职业资格证书的区别

职业技能等级证书与国家职业资格证书概念不同、口径不同，划分的等级层次也有不同。

（1）职业技能等级证书。

院校内实施的职业技能等级证书可以定义为：学习者在完成针对某一职业岗位关键工作领域的典型工作任务所需要的相关知识、技能和能力的学习任务后，获得的反映其职业能力水平的凭证。面向院校在校生的职业技能等级证书是对学生在某一职业技能领域职业技能水平的客观反映，这与国家职业资格证书不同。它不仅是技术标准或行业企业标准要求的准确体现，还应该是能够在院校实施的职业教育或培训标准。“1”与“X”的相生相长还体现在它们之间的“配伍”关系上，不能简单、机械地将中职、高职、职教本科同职业技能等级证书的初级、中级、高级一一对应，这样容易将职业技能等级变成又一套学历体系，“书证同质”会失去“1+X”证书制度的改革意义。

职业教育“双证书”制度人才培养模式培养出来的仅获取1个职业技能证书，拥有单一技术技能的毕业生已不能胜任当前工作岗位。随着新技术、新工艺、新材料等不断出现，工作岗位需要具备多种技能的复合型人才，即拥有“X证书”各种凭证，具备多种技能的高素质复合型人才。显然，“X证书”中的X肯定不等于1，如果等于1的话，就类似“双证书”制度，已不符合职业教育和社会发展的要求，所以说X必定大于1，或等于2或等于3、4、5等。同时，“X证书”凭证需要解决新技术、新技能的强化、补充或拓展问题，其考核标准需对应工作岗位技术技能，具有很强的针对性和先进性。以专业为载体的证书比较适合初入领域的个体，而以职业为载体的证书则比较适合在岗位工作多年的、有明确工作方向的人。

随着“1+X”职业技能等级证书工作的深入，特别是企业对用人质量的提高将起到积极的作用。

（2）职业资格证书。

执业资格证书是国家对某些特殊行业规定的准入资格；从业资格证书包括专业技术人员和技能人员职业资格证书。为扩大就业创业，国家逐步削减职业资格证书的规模，除了国家法律法规要求的对某些特殊行业规定的准入资格证书外，其他职业资格证书要逐步转变为水平类证书。市场将随着企业的需求变化而转变，不再过分强调执业资格证书，而是以满足企业需求为主线调整职业院校技能的学习，更加注重实用性、针对性和有效性。

（3）二者的区别与联系。

教育部门的职业技能等级证书是以专业为载体，而人社部门的证书则是以职业为载体，一个专业涉及的职业技能等级证书可能对应多个人社部门的证书，同一名称的两类证书在内涵上可能不同。最后，人社部门的证书与教育部门的证书应该发挥协同作用。

“1+X”证书制度试点精准指向“打造学生一技之长”这一职业教育的本质特性要求，可以有效解决“教学脱离实际、专业脱离职业、学生脱离岗位”等难题。“1+X”证书制度试点要求教师唯有掌握更高更新的技术技能，才能胜任“X”证书的培训教学工作。“1+X”证书制度试点有利于院校提升服务地方经济发展的水平，使学校主动对接产业需求、专业主动对接职业岗位、课程主动对接技术进步的过程，使产教更加融合、校企结合更加紧密。

（二）“1+X”证书的性质、功能与特征

1. 性质

它是职业技能水平的凭证，反映职业活动和个人职业生涯发展所需要的综合能力。在职业院校内实施的职业技能等级证书，本质上仍然是一种学习结果的凭证。

2. 特征

它是反映完成某一典型工作任务具备的综合能力，不是准入式的资格鉴定，也不是岗位工作经验和业绩的认定。

3. 功能

对学生个人来讲，有利于学生自我职业能力的认知、个人职业选择与发展。对用人单

位来讲，有利于用人单位选人用人，将人力配置到最合适的岗位。

“1+X”证书做到了三个对接。

第一，对接科技发展趋势，即新技术、新工艺、新规范、新要求，对接国际先进标准。

第二，对接市场需求，对接关键岗位、生产一线岗位技术技能人才紧缺领域。

第三，对接职业标准，面向生产一线关键岗位，对接关键工作领域，反映能力要求，反映职业岗位所需的职业知识、技能、素养，是职业知识、技能、素养的综合体现。

二、开展“1+X”证书试点责任与分工

（一）开展“1+X”证书制度的主要要求

“1+X”证书制度是职业院校的一个新生事物，对于开展校企合作、产教融合，提高人才培养质量有着积极的作用。因此，作为试点初期，在政策的指导下，做好各方面的工作尤为重要。

第一，找好专业带头人和组建教师团队。支持、配合、参与培训评价组织对有关“X”证书和标准的开发建设工作，为实施试点工作奠定基础。

第二，创造条件成为“X”证书试点院校。做好各项准备工作，开展试点。

第三，参与职业教育国家“学分银行”建设。有序开展“1”与“X”的学习成果的认定积累和转换。

第四，做好“1+X”证书制度试点工作的宣传、推广、总结工作。开展“1+X”证书制度试验研究，为丰富和发展中国特色职业教育理论贡献力量。

（二）开展“1+X”证书制度的意义

启动“1+X”证书制度试点，是深化复合型技术技能人才培养培训模式和评价模式改革的重要举措，对于构建国家资历框架等也具有重要意义。职业技能等级证书是“1+X”证书制度设计的重要内容，是一种新型证书，不是国家职业资格证书的翻版。教育部、人社部两部门目录内职业技能等级证书具有同等效力，持有证书人员享受同等待遇。

办好新时代职业教育的顶层设计，需要试点先行，稳步推进。需要处理好“1”与“X”的关系。学历教育是基础，不能用证书代替“1”。“X”的数量与质量要研究，避免滥发证、乱培训。“1+X”证书要使企业诉求能更好地体现，使职业院校的人才培养更加符合企业的人才需求。而在学生层面，通过“X”项赋予学生更加贴合企业需求的能力，促进了学生的就业和持续发展能力。要充分认识“1+X”证书制度对促进人才培养、评价模式和教育教学管理方式改革的重要意义。

1. 提升职业教育质量和学生就业能力

职业教育主要培养目标是培养社会需要的技术技能人才，传授其满足生产劳动所需要的职业精神、知识技能。职业教育的出路是要求学生具有就业能力，对接行业、产业需求，按照岗位需求对学生进行知识、技能和能力方面的精准培养。职业院校将“1+X”证书制度试点与专业建设、课程建设、教师队伍建设等紧密结合，推进“1”和“X”的有机衔接，提升职业教育质量和学生就业能力，同时，为企业培养合格的人才。“1+X”证书制度普及后，职业技能等级证书会成为学生就业的“入场券”，学生可申请多种证书、多个等级，把学生的技能提升与个人兴趣、就业方向、持续发展等衔接起来，更加有利于学生的发展。

2. 深化教师、教材、教法“三教”改革

（1）教法改革。

当前在教法方面，主流仍然是老师讲学生听模式，职业教育培养的是技术技能型人才，强调学生的动手能力，纯理论教学方式既枯燥又无法调动学生的学习兴趣。

（2）教材改革。

通过开展“1+X”证书制度的实施，课程标准、教学标准、实训室建设标准、顶岗实习标准将全面进入“国家标准”时代，这些标准的制定将为“1+X 证书”制度的实施起到积极作用，课程标准是继专业人才培养方案后人才培养的主要依据文件，包括课程教学目标、教学内容、教学项目、课程学时、考核标准等内容。为推进“1+X”证书制度，要积极主动参考甚至引入行业、企业职业标准，对课程标准进行修订或改革，把技能鉴定要求纳入课程教学目标，把技能鉴定内容纳入课程教学内容，在课程教学过程中融入技能鉴定要求，提升教学的针对性。教材将因标准和课程内容的变化而进行修订和编写，学校和企业将进行深度合作，共同进行教材的开发和建设，将新的标准纳入教材建设中来。

（3）教师培训。

由于“1+X 证书”的实施，特别是新标准的实施，给教师们带来了新的挑战，因此，教师们要抓住机遇，深入研究本专业“1+X”证书的设计与实施，走进企业，开展技术技能学习。

通过深化教师、教材、教法“三教”改革，职业教育质量将得到极大提升，更有利于促进校企合作、产教融合，校企共同建好用好实训基地。

3. 培养优秀的高端技能型人才

学校应通过专业设置、人才培养方案、课程标准、师资队伍建设、教学内容重构、信息化建设、培训场地设施等重新制定教学标准和毕业学生质量检验标准，规范人才培养全过程，完善职业教育体系。

4. 健全质量保障机制

职业院校应制定高质量的相关职业技能水平标准，并按照有关规定，借鉴国际国内的

相关先进标准，开发的相关职业技能标准要体现相关的新技术、相关的新流程、相关的新规范以及新要求。

三、开展“1+X”证书制度试点及保障

（一）开展“1+X”证书制度试点重点工作

“1+X”证书制度试点重点工作主要包括若干个技术技能人才紧缺领域“X”证书与标准开发建设、培训大纲及教材开发、考试题库建设、培训站点建设、考核站点建设、信息化平台建设、学分银行建设、相关管理体制机制建设以及培训、考核、颁证、信息查询服务、补贴发放等具体工作，此外还涉及标准制订规范、流程、技术等问题研究和相关基础制度建设。

1. 重构人才培养“新”方案

如何搞好“X”证书培训体系，与人才培养方案的有机衔接，首要工作是做好专业教学标准和职业技能等级标准的对接，对职业技能等级标准的能力要求、标准内容、考核方案等相关内容进行深入学习、系统研究，对本专业职业面向、培养目标、培养规格、毕业要求等专业人才培养关键要素进行全面梳理、科学定位，以职业教育培养培训并重的新理念，重构“1”与“X”深度融合的人才培养方案，优化课程设置和教学内容。对接专业教学标准，逐步制订与不同类专业人才培养方案融合的培训指导方案，分为本专业、近专业类以及社会培训类培训指导方案，尽快与现有相关专业人才培养方案融通，确保其可操作、可实施。

2. 确定考核大纲

与标准对应，创新考核方式，研究评价模块，形成《XX 职业技能等级证书考核大纲》，规定好考核人员条件要求、范围、内容、方式等。

3. 做好书证融通

按照“X”证书试点要求，结合学习成果认证与转换规则等，首先，考虑与现有课题体系对接、融通方案；其次，开发推广“X”证书课题与资源，帮助修订人才培养方案；最后，拓展到各专业，开展学习成果认证与转换。

4. 搞好教材开发

对照标准和培训指导方案，开发初、中、高不同级别教材；对应不同专业、不同对象使用，设计教材系列丛书，制订计划，逐步开发、编写、出版；创新教材体例，采取活页式、工作页式等不同新的呈现形式，逐步完善机制。以职业工作过程为导向，通过项目实施教学，为学生参加“X”证书培训储备基础理论、工作方法和基本规范。

5. 做好题库开发

对照考核大纲要求，开发统一的题库，适合线上、线下考核使用，除技能考核外，考评要充分考虑安全、素养、职业习惯、道德、知识等方面的考评要素。

6. 创新开展师资培训

打造师德高尚、技艺精湛、育人水平高超的教师队伍，是“1+X”证书制度试点的一项重大任务。通过研究“1+X”培训师的资质要求，丰富“双师”标准内涵，将它与教师轮训制度、新教师实习制度和企业实践制度相结合。首先，要设计试点院校教师培训方案，明确培训目标、对象、课程、培训教材等。试点院校要聚焦并关注教育部领域内的“X”证书，与培训评价组织紧密合作，积极参与职业技能等级证书的开发；同时，对应研究初级、中级、高级三级培训师的资质要求，丰富职业教育专业的“双师”标准内涵，将胜任具有高含金量“X”证书的培训师作为“双师”的重要评判内容。其次，要制订师资培训考核方案，每次培训后对教师进行考核，对应制订教师初、中、高标准，组织教师参加“X”证书的相关技术技能培训，将它与教师五年一周期全员轮训制度、新教师一年期教育实习制度和三年期企业实践制度相结合，提升教师实施高含金量证书的培训教学能力。考核对应发相应证书给教师。最后，要制订相应级别标准的考核题库等，根据考核要求选择不同的试题。

7. 网站和网络资源建设

建立“1+X”试点专题网站，设置新闻、通知、试点院校展示、校企合作案例等，内设管理模块，对试点院校、考核点、专家、教师、学生信息进行信息化管理；结合教学资源库，开发网络培训、考核资源。

8. 设备开发与企业合作

对应标准实施，结合职业教育改革发展需求，对接专业教学标准，开发适合培训、考核、教学一体化，具有可拓展、可升级、扩组合的模块化多功能教学平台，服务院校人才培养；制订企业合作办法，实行企业动态推荐机制，切实服务好考核评价工作，适合院校改革发展需要。

以下为工业机器人应用编程“1+X”证书操作要求。

（1）高级要求。

①能对带有扩展轴的工业机器人系统进行配置和编程；能对工业机器人生产线进行虚拟调试。

②能按照工艺要求完成工业机器人二次开发。

③能对工业机器人系统及生产线编程与优化，可以在相关工作岗位从事工业机器人系统及生产线应用编程、工业机器人系统及生产线运维、工业机器人系统及生产线集成、自动化系统升级改造、工业机器人系统及生产线虚拟调试、工业机器人应用系统测

试等工作。

（2）中级要求。

①能遵守安全规范，对工业机器人单元进行参数设定；能对工业机器人及常用外围设备进行联结和控制；能按照实际需求编写工业机器人单元应用程序。

②能按照实际工作站搭建对应的仿真环境，对典型工业机器人单元进行离线编程，可以在相关工作岗位从事工业机器人系统操作编程、自动化系统设计、工业机器人单元离线编程及仿真、工业机器人单元运维、工业机器人测试等工作。

（3）初级要求。

①能遵守安全操作规范，对工业机器人进行参数设定，手动操作工业机器人。

②能按照工艺要求熟练使用基本指令对工业机器人进行示教编程，可以在相关工作岗位从事工业机器人操作编程、工业机器人应用维护、工业机器人安装调试等工作。

9. 学分银行

①学分银行是模拟或借鉴银行的某些功能和特点，以学分为计量单位，实现各级各类学习成果的存储、认证、积累与转换的学习激励制度和教育管理制度。

②基本功能。

A. 便于各领域依据资历框架制定相应标准。

B. 根据标准设计证书体系、搭建课程体系、指导资源建设、规范教育培训。

C. 依据标准进行比对，推动各级各类学习成果转换。为个人提供各类学习成果认证、积累与转换服务（建账户，登记、认定、存储和转换存成果，引导学习等）；为学习型组织和院校提供业务指导和定制服务（大数据分析、档案管理、人力资源评价管理、资源共享、教育教学改革等）。

③核心功能。通过建立一个可供参照的标尺，作为建立各级各类资历之间融通与衔接的纽带和桥梁。

④具体实施“1+X”证书制度，应建立以学分认定、积累和转换为主要功能的职业教育学分制银行，学分银行管理系统服务学习者等多元用户。让学生获得的“X”证书可以折算成学分，实现“X”证书学分和“1”中的其他课程学分互换。这是破解职业教育发展不平衡不充分难题、畅通技术技能人才成长渠道的重要途径和手段。在试点初期应先行建立和完善校内的学分银行制度，为试点工作保驾护航。

学分制是学分制银行的基础，学分银行是“1+X”证书制度的实现路径，“1+X”证书是终身学习战略的具体体现。学分银行管理平台的功能能够导出学员学习课程种类、学习时长、学分数量，指标数据与X证书要求进行对接转换，实现X证书认定，利于相关部门掌握学员终身学习状况。

（二）开展“1+X”证书制度试点工作保障措施

1. 充分发挥行业优质资源作用，以“1+X”试点推进产教融合、校企合作

在各个职业教育教学指导委员会的支持、指导和监督下，整合行业优质企业、院校资源，开展与校企合作、专业建设、“三教”改革相关的活动，共同促进职业教育改革迈向高质量。

2. 建立专业教育教学创新和创业平台，开展竞赛和相关交流研讨活动

组建专业教育教学创新联盟，不断以“1+X”试点为核心，促进教育教学改革、促进教学模式创新、人才培养和评价模式创新等。开展科研、课题研究和成果推广与交流等活动。

创新“1+X”证书教法，实现“1+X”证书中的“X”，需要调动学生的学习积极性和主动性。当前，职业教育的教法仍以传统的方法为主，已无法调动学生学习的积极性。因此，要开发符合时代需求的教学资源，包括微课教学资源、慕课教学资源、教学视频资源、信息化教学资源、教材等资源。教学资源与职业标准、岗位要求对接，实现任务驱动。

开展“1+X”证书教学，最有效的方法是教师的教法能够吸引学生，让学生对学习产生兴趣并主动参与其中。教法又分为教学手段和教学方法。教学手段分为板书、多媒体展示。教学方法可采用讲授法、讨论法、直观演示法、练习法、自主学习法、任务驱动法等。

3. 成立认证联盟

认证联盟包括政府机构、行业协会、龙头企业、大型企业、机构联合以及国外机构等，这些机构颁发的证书应是业内公认的且具有权威性。同时，“X”证书必须依照职业标准组织开发职业能力标准制定，并按职业能力高低分层分级。证书的开发应植根于标准的开发，包括职业标准、职业能力标准、专业教学标准等系列标准的开发。

依据标准与证书实施推广实际需求，邀请行业、企业等不同单位，成立“X”证书认证联盟，建立动态建设机制，不断吸收更多成员加入，认可开发的标准、证书和配套的教学资源等，确保标准与证书的公信度、企业认可度和“含金量”。对于学校层面来讲，应考虑做好以下几个方面的工作。

①设计制订好学校“1+X”证书制度整体计划和具体的实施方案。

②编制相关经费预算，落实培训、考核的经费保障等，根据考核专业级别的不同，购置相关设备。

③将专业人才培养方案与“1”和“X”有机衔接，将证书培训内容及要求有机融入专业人才培养方案，修订课程标准，优化教学内容。

④按照学校整体发展计划，组建基于证书标准要求的一批高水平专业培训教师团队。

⑤按照“1”和“X”要求，联合企业开发培训课程教学资源。

4. 加大宣传，扩大影响，开展社会监督

加大标准和证书的宣传力度，不断召开宣贯会议，邀请更多的企业、院校参与其中进行对接、洽商与合作，不断扩大人才需求与供应方的对话，使标准和证书得到越来越多企业的关注，扩大社会影响力和认可度；逐步建立证书信誉平台，接受用人单位、社会的监督与评价反馈，对试点院校、考核点整体工作质量实行多元评价机制，共同促进各方工作质量提升。试点院校要根据职业技能等级标准和专业教学标准要求，将证书培训内容有机融入专业人才培养方案，优化课程设置和教学内容，统筹教学组织与实施，深化教学方式方法改革，提高人才培养的灵活性、适应性、针对性。

（三）专业课程标准与职业技能等级标准的衔接

1. 课程标准引入职业技能等级考核标准

职业技能具有明确的岗位面向，职业技能应适应产业、行业发展趋势，满足企业对技术技能人才的需求，并对学生的职业生涯发展有一定的促进作用。职业技能对现有职业教育内容具有重要的延伸或补充作用。对于职业教育来讲，不同教育阶段的培养目标定位不同，它们面向企业组织的岗位也存在差异。要紧紧围绕“学校课程”与“企业认证”这两个关键点，使人才供给侧与需求侧互联互通，从供需两端相向发力，达到产教深度融合、校企协同育人的效果。这就要求课程标准必须具有针对性、实用性和规范性，以具体的职业岗位作为依据，以岗位标准和能力培养为主线，校企共同对原有的课程进行改造，形成新的教学结构体系。以企业项目为依据开展教育教学工作，帮助学生对基础理论、基本规范、安全操作和工作方法等进行系统学习以完成“X”证书培训。课程标准引入职业技能等级标准，直接与企业岗位要求对接，并且考核评价也直接对接，因此，它是人才培养的主要依据文件，包括课程教学目标、教学内容、教学项目、课程学时、考核标准等内容。为推进“1+X”证书制度，参考甚至引入行业、企业职业标准，对原有课程标准进行修订或改革，把技能等级鉴定要求纳入课程教学目标，把技能鉴定内容纳入课程教学内容，在课程教学过程中改进教学方法、提升教学的质量。

2. 推进专业课程考核制度改革

学生不同的教育阶段有层次之分，企业经营中因分工不同，岗位有层级之分。因此，职业技能等级证书应对接不同教育阶段的层次和不同岗位的层级。不同教育阶段的毕业生会配置到不同层级的工作岗位，不同层级工作岗位对从业者职业知识、技术技能和能力水平具有不同要求，并体现出职位的层级差异。同一工作岗位不同从业者综合能力成熟度也会呈现出等级差异。而不同从业者能力成熟度的差异最终需要通过完成真实工作任务的质

量程度来衡量。如何将职业技能等级培训与专业课程考核相结合是实行“1+X”证书试点中遇到的难点。《试点方案》中提到，“1+X”证书制度要融入专业人才培养，因此，参加职业技能等级证书考核的专业人才培养方案要进行适度调整。专业人才培养方案涉及人才培养目标、过程、方法以及考核等，包括专业基本信息、修业年限、职业面向、培养目标与规格、课程结构与体系、教学计划、教学要求、实训实验环境、教学评价、师资保障等内容。同时要认真分析职业技能等级标准的能力要求、标准内容、考核方案等，将这些内容纳入专业课程的考核之中，重在过程而非期中、期末考核定结果，不断推进专业课程考核制度改革。使教学考核评价机制能够真正实现“课程标准与职业标准的融通”“课程评价方式与职业技能等级考核方式的融通’和“学历教育管理与职业技能等级管理的融通”。并以此考核评价标准优化课程设置和教学内容，培养出更适合职业岗位需求的技术技能型人才。在融入过程中，要注意以下几个方面。

第一，要考虑职业技能等级标准与教学标准的并轨，让这两个标准统一为人才培养标准。

第二，专业课程的设计，特别是与证书相关的课程，内容的前后衔接等都要与证书培训内容相协调，避免课程的重复设置与内容的无关叠加。

第三，教学的组织与实施也要进行改革，学校的专业教育与证书的培训教育二者本来是两个独立的学习阶段，如今要合成为一个有机的学习阶段，必须做好时间的分配、师资的调配以及学习形式与场地的迁移等工作。

专业教学的主要内容是负责专业人才的基础理论知识的培训，而职业技能主要是通过加强专业特色的教育来进一步提高专业人才的特殊性。在人才培养的过程中，可以将学生在校的前半段时间主要用于专业知识的学习，这样可以进一步夯实学生的专业知识能力。而学生在校的后半段时间，可以进一步培养学生的职业技能，重点突出职业技能教育，这样可以形成“1+X”证书的教育制度模式，进一步提高教学质量，提高学生的人才素质。

3. 加强师资队伍建设

开展“1+X”证书制度试点，职业院校要着力打造一支专业技能强、能管理、善教学的教师团队。要准确把握“1+X”试点工作的背景与意义，通过组织教师参加“X”证书的相关技术技能培训，提升教师具备高含金量证书的培训教学能力；结合自己学校的实际情况，做好人才培养方案开发等试点工作的顶层设计。打造专业“双师型”团队，加强国培教师职业技能等级标准培训，提高专业骨干教师实施教学和考核评价能力。通过引进行业企业兼职教师，优化师资队伍结构，全面提高专业师资团队的教学与培训能力，并投入专项资金重点开发“X”证书培训课程，对于承担“X”证书培训教学的教师要实施分级管理和配套奖励，将教师的个人发展与“1+X”证书制度试点结合起来，拓展教师晋升新通道。“双师”的评判应当以能胜任具有高含金量的“X”证书的培训师作为重要内容。

第三章　产教融合下实训基地建设面临的挑战与方案

第一节　实训基地建设面临的挑战

一、实训基地面临的挑战

（一）学科专业建设与产业转型升级的适应度

工程教育的发展与国民经济建设息息相关，因此，其学科专业的建设发展也反映着当前产业发展的需求与规模。目前，大数据、云计算、人工智能等新兴产业层出不穷，势必要引起工科专业结构的调整。直接面向新经济的新兴工科专业比例要达到50%以上，这也意味着传统的学科专业面临被撤销的风险。专业的设置和调整是根据毕业生就业率等指标来衡量的，用人单位的需求反馈也是影响专业调整的主要因素之一。产业的转型升级影响着企业的发展方向，企业的发展战略规划和人力资源需求对专业建设也产生了作用。因此，提高学科专业建设与产业转型升级的适应度，既是新工科建设的重点，也是产教融合育人发展的意义所在。

（二）企业与学校育人双主体的融合度

育人的双主体性是产教融合这一育人模式的主要特征。以往，校企合作都是以学校为主体或者以企业为主体开展育人活动，另一方则处于附属地位，而处于附属地位的往往是企业，这就导致了产教融合“两张皮”的情况出现。由于企业处于附属地位，主体性得不到有效发挥，对产教融合的合作意愿自然也就减少了。因此，提高企业与学校的融合度是深化产教融合发展成果的重要前提，也是培养新工科人才的必要措施。在《国务院办公厅关于深化产教融合的若干意见》中，将强化企业重要主体作用摆在了显著位置。充分表明企业的参与程度直接影响着产教融合的质量。因此，要加强学校与企业的融合度，首先要转变观念，认识到企业在人才培养过程中不可或缺的重要作用，引导企业参与到课程与教材的编订、学时的分配、教学方法的选择等过程中，实现真正意义上的产教融合。

（三）政府宏观调控的力度和行业协会的监管度

教育的政治功能决定了我国教育事业的发展离不开政府的支持和引导，在教育大众化和市场经济不断发展的今天，政府也逐步放权，鼓励学校自主办学。但是要统筹学校和企业共同参与人才培养活动，政府作为宏观调控者这一角色必不可少。从《国务院办公厅关于深化产教融合的若干意见》到《职业学校校企合作促进办法》，都体现着政府推进产教融合的意志，通过政策、金融支持等方式，为产教融合提供有力保障。产教融合作为一种独特的育人模式，其发展成效如何，需要第三方组织来进行评价。行业协会在监管和指导企业行为之外，也应该对产教融合的成果进行合理评价，以此来确定产教融合发展过程中的问题所在。可以确定的是，在产教融合更加深入发展的大趋势下，政府、教育主管部门以及行业协会的作用也应当得到彰显，产教融合是一项系统工程，除了学校和企业之外的第三方力量的加入对其发展是十分有益的。

二、实训基地建设思考

（一）国外校企合作模式的经验总结

1. 校企合作模式，依据所处国家的环境而形成发展

20 世纪 70 年代，劳动力市场供求关系由“人力供不应求”转为“人力供过于求”，供求关系发生了根本性变化。德国“双元制”模式孕育而生。高层次的实践性、应用型人才越来越符合市场的需要，因此德国模式务实性强，以共同培养高质量的职业技术人才为轴心进行其他方面的合作。美国校企合作的历史较长，由于时代背景的变化、社会经济的发展等，涌现出多种各具特色的校企合作模式，美国“合作教育”模式求全求大，形式多样，这与他们在国际上所处的政治经济地位有密切的关系。日本模式视产学研合作教育为基本国策，并将其制度化和规范化。我国校企合作与国外相比，产学研合作在深度和广度上都存在着差距。我国应从人口问题、就业问题、教育体系不够健全、法制不够完善等这些社会问题的基本国情出发，加大对产学研合作教育的认识，提升人才培养的质量。

2. 立法保障与社会民间团体共同参与形成合力

德国“双元制”是在国家立法和行业协会双重保障下产生的一种办学制度。德国是一个法制比较健全的国家，同时又有众多政府部门、职业教育机构、行业协会和企业的参与。美国政府曾经对合作教育立法拨款，对合作教育的发展起到了巨大的推动作用。由于合作教育的特点，学生在不同的环境下学习，也会涉及人身安全、医疗保险等问题，法律是保障这些问题得以解决的关键；同时三方签订相应的合同书，作为对相互的约束和担保，使合作教育计划顺畅执行。日本政府视产学研合作教育为基本国策，并将其制度化。

日本政府在 20 世纪 90 年代后进一步加大对产学研合作的推动力度。同时在日本有许多与学术相关的公益法人，他们是通过在民间集资而设立的财团法人和学会法人，其共同的目的是振兴学术研究。而我国的校企合作还停留在口头上、宣传上，并没有明确的条目对企业减免税收、提供经费等。并且我国校企合作受政府重视比较晚，需要一些具体的政策支持和制度保障，并形成法律条文来保障合作的顺利展开。

3. 以企业为主、企业需求为导向的合作模式

德国的“双元制”最明显的特点是学校与企业合作，共同参与学生的培训。企业在经费、设备投入、师资配备、业务参与等方面，发挥着主体作用。我国相对于美国的合作教育来说，首先是对校企合作的认识不够，突出表现在：理论与实践教学孤立式结合；追求短期的利益；重技能、轻理论等。以企业为主体的产学研合作是日本创新体系的重要特点，在人才培养和交流方面，企业提供经费、场所和课题，帮助进入企业实习的研究生完成整个学业。与此同时，日本的一些大学经常举办产学研沙龙，以促进产学研之间的沟通与交流；企业技术人员也可到大学研修甚至任教。而目前我国基本上是学校方一厢情愿，企业方却缺乏合作的动力和愿望。在这样的状况下，难以获得充足的资金来源，缺乏实训的基地、培训的师傅、就业的机会等。

（二）产教融合育人思考

当前产教融合还面临不少瓶颈和制约因素，比如教育人才培养和产业需求存在着“两张皮”，主要表现：宏观层面，教育和产业统筹融合、良性互动格局尚未根本确立。一些地方发展“见物不见人”，教育资源规划布局，人才培养层次、类型与产业布局和发展需求不相适应，技工、高技能人才求人倍率居高不下，部分高校毕业生就业压力持续增大，人才供需结构性矛盾凸显；微观层面，产教融合、实践育人的人才培养模式尚未根本形成，校企合作“学校热、企业冷”，处于浅层次、自发式、松散型、低水平状态。企业参与办学积极性不高，课程内容与职业标准、教学过程与生产过程相对脱节，重理论、轻实践问题普遍存在；政策层面，缺乏促进产教融合、校企合作的整体性、系统性政策供给，激励保障服务还不到位，政府企业学校行业社会各负其责、协同共进的发展格局尚未健全。

产教融合的核心是要让行业企业成为重要办学主体，这是深化教育供给侧结构性改革的重大举措，既涉及宏观的教育布局和结构，又涉及人才培养模式改革，还事关教育组织形态和服务供给多元化，是完善现代办学体制和教育治理体系的一项制度创新。在制定《国务院办公厅关于深化产教融合的若干意见》的过程中，紧紧把握贯彻新发展理念，推进人才和人力资源供给侧结构性改革的要求，按照党中央、国务院的决策部署，将深化人才发展体制机制改革和推进供给侧结构性改革结合起来统筹推进。同时，将落脚点放在提高教育质量，优化服务供给，切实解决人才供需“两张皮”的现实问题上，推动教育与经济社会发展相协调，促进就业创业，引领和支撑产业转型升级。

坚持问题导向，重点聚焦与就业市场、企业需求、创新创业直接相连的职业教育、高等教育，重点聚焦调动企业参与积极性，发挥企业重要主体作用，形成政府、企业、学校、行业、社会协同参与的工作格局，着力构建产教融合一揽子政策体系。宏观上，发挥好政府统筹作用，同步规划产教融合和经济社会发展，优化职业教育、高等教育布局结构，促进教育和产业联动发展；微观上，促进人才供需两端相向发力，引导产业需求融入人才供给，促进产教融合供需对接，支持产教融合开展人才培养和科技创新；政策上，着力完善体系，综合运用投资、财税、用地、金融和试点，形成激励保障协同支持，强化组织实施。

第二节　实训基地建设方案

目前，社会上存在着许多实训基地，形式广泛却不能真正发挥作用，究其原因多种多样。要认真仔细地分析其根源，才能建立一套完整的行之有效的实训基地育人体系，用长期的规划、完备的体系各司其职，发挥基地优势，培养创新人才，为国家输送栋梁。本节以某校实训基地建设为例，阐述实训基地建设方案和联合实践基地特色。

一、实训基地育人体系建设研究

在人类社会中，要做成一件事的条件概括起来有人力、财力、物力三方面。这三个条件中，人是主体、是最活跃的因素。在实践活动中，人的因素是第一位的，人才第一体现得尤为突出。当然，人的因素并不仅仅指个人的才智，也包括人的社会组织水平等。有人而无财、物，便是英雄无用武之地，也做不成事。因此，所谓实践基地建设，就是让人、财、物能自然地、有效地结合，实现一种“人能尽其才，财能尽其用，物能畅其流”的和谐状态。

基地育人体系按照是否具有实体和刚性，可分为物质的和人文的两部分，将环境分为硬环境和软环境两大类，硬环境由物质环境和刚性的管理体制及人员组成；软环境由人文环境、弹性的学习规划和评价体系组成。其中物质环境的要素由校园房舍、仪器设备、经费奖惩等组成，人文环境主要由科学创新精神、各项规章制度、长期的学习规划、治学氛围组成。硬环境与软环境的相互渗透和融合程度，决定了人性物境和物性人境，人性物境主要由人才和体制组成；物性人境主要由学习规划和评价体系组成；它们渗透融合得越多，人性物境和物性人境的范围就越大，成果的大小也越显著。

为了解决这些实际问题，特此提出了建立实训基地育人体系，有效地解决场地、设备、资金的一系列问题，在培养内容和培养方式上将中学和高校的模式有机地结合起来，形成一种更加适应青少年综合素质提升的培养模式。

（一）做一份基地培养模式的方案，确立操作基调

如建立从初中到高中、大学的长期培养规划；培养的课程内容要有理论重实践、有基础重探索；教育模式以项目为驱动团队合作共同完成；管理模式为线上线下同步管理；考核方式以竞赛为检验的标准。这些方面决定了育人体系的培养模式，决定了体系的特点，也决定了体系是否能解决目前基地不能完成培养创新能力的原因，真正落地。

（二）做一份机构组织图

将中学课外兴趣小组、大学生科技社团、高校科协中心三者及其外联单位有效组织起来，资源共享，在培养学生创新能力的过程中落实场地设备等物资需求。比如设备和场地的使用，在不影响高校教学科研以及学生课外开发的基础上，免费开放给中学同学使用。

（三）做一份人员组织图

将中学生、课外兴趣小组辅导教师、大学生社团成员、社团指导老师、高校科协中心管理教师、中学班主任、学员家长等各人员有效地组织起来，各司其职，在培养学生创新能力的过程中落实每个岗位的责任和义务，让基地正常运作起来，让育人体系发挥作用。比如，对于整个体系而言，中学生的辅导教员由大学生社团成员、课外兴趣小组辅导教师、社团指导老师三部分组成，尤其是大学生社团成员承担了教员的大部分培育指导任务，这是一个非常有效的解决方案，既解决了教员人员不足的问题，又解决了教员专业知识深度和广度兼具的要求，同时培养了社团成员受益于社会、反馈于社会的奉献精神，也给了中学生一种有别于老师的同龄人的情感，课堂是兴趣自然、无拘无束，有利于开展创新能力的培养。这些有百利而无一害的做法要深入挖掘，才能开发全社会的力量为国家培养下一代创新人才。

（四）做一份培养规划

如果按部就班地实施，脚踏实地地培养，创新就会功到自然成。培养规划从初中开始到高中到大学，前后历时十年，横跨一个年代，好好利用这人生中宝贵的十年时间，能为青少年培植好科创的土地、播下科创的种子。这个规划会跨越孩子需要经历的初级中学、高级中学、大学三个学校，占整个在校学习生涯的一大半时间以上，如果没有规划，各自为政，东培养一把，西培养一下，到了大学阶段再来感叹孩子缺乏创新能力啊！这样的感叹于事无补，还不如好好地沉下心来认真策划一个长期的培养规划，这样对孩子才是一种负责的做法。十年科创规划从初中的课外兴趣小组开始，以课程内容为基础的科学普及开始，进入高中后在课外兴趣小组的基础上进行选拔进入基地的实验班，学习专业浅显的理论知识及与其紧密相连的实验环节，理论联系实际、深化动手能力，经过一个学期的培养

通过考核进入专业班，对整个专业体系进行综合提高，对多门课程的知识进行综合应用，能独立完成一些简单的小项目，初步进入分组合作训练，初步具有发现、观察需求能力，解决问题时会积极开动脑筋，具有一定创意，经过一个学期的培养通过分组项目考核进入竞赛班，按照竞赛的日程进行创新能力的培养，学习创意项目的立项、资料的查找、查新的综述、作品的制作、论文的撰写、专利的申请、答辩的训练等，从准备选题到区赛、市赛、省赛、国赛，以项目为驱动、以实训为手段、以提升为目的、以获奖为追求，经过半年的准备和半年的比赛，最终希望通过自己的努力获得奖项，实现了自我价值，也是成功的体现。获得通往高校"三位一体"自主招生的门票，通过面试综合考核，经过高考被高校录取，成为大学生后，进入科技学生社团，进行双创孵化、创新技术、自主创业或参加各类学科竞赛（如全国大学生电子设计竞赛、全国大学生智能汽车竞赛、全国大学生 FPGA 创新设计竞赛等）和各类科技创新竞赛，获奖保研或开创高新科技企业，继续不断深入研究。完成科创人生的梦想。

（五）做一份完备的培养内容

涵盖专业的基础、交叉学科的基础和某些方向上的最新研究内容，内容以小部分简单的理论加上大部分动手实训为主，让学生在培养的过程中看得见、摸得着、做得成。以电子专业为例，涉及专业的基础如 MSC51 和 STM32 单片机、树莓派等；交叉学科的基础如 C 语言、Python 语言、App 开发、WEB 开发等；某些方向上的最新研究内容如图像识别技术、可编程逻辑器件 FPGA 电路设计、物联网技术、人工智能技术等。配套理论和实训，学习掌握一批模块，如摄像头模块、无线通信模块、飞行传感器模块、基本输入输出模块等。巧妇难为无米之炊，如果没有这些基础知识和探索的空间，如何能培养同学们的无限创意，让他们追着这些内容去掌握使用、深入研究、触类旁通、融会贯通，为创新能力的培养培植肥沃的土地。

（六）做一份教学管理软件修改方案

将现有的教学管理软件修改一下以适应跨学校、跨年龄、跨内容的管理需求。如学员在初中阶段不同于高中阶段所在学校时、当学员的年龄不是同一个年级时，如何对他的学习记录、课程评价提供管理；当对某位学员参加的课程同时有理论课程、实践课程、竞赛课程时，如何能在同一个系统内实现管理等。

（七）做一份全面的管理制度

以保障基地育人体系的正常运行、发挥作用。这份制度包含以下内容。

a. 岗位制度。规范融合育人体系中的各个角色，各司其职，协同配合，共同完成体系的运行。

b. 奖励制度。对付出努力认真办事的人员，如最佳学员、最佳教员、优秀指导教师、优秀社团指导教师等，进行精神和物质方面的奖励。

c. 财务制度。保障体系运行经费的收支规范。如学校专项拨款、比赛获奖奖金、家长投入、参赛项目费用报销、器件和耗材费用报销、专利申请费用报销、往返车辆费用、奖励费用等。

d. 保障制度。保障系统运行所需的各种资源的采购和配备并明确来源，如教室场地和实验室的安排、测量仪器和设备的安排、项目所需器件采购、运行所需资金的筹措等。

e. 选拔制度。为体系运行选拔优秀教员，为培养创新人才选拔优秀学员，建立一套选拔机制，用最好的教员培养出最好的学员，让优秀成为培养体系的常态。

f. 安全制度。保障体系运行时所有行为主体的生命和财产安全，如在进行动手实验的过程中要遵守的设备使用安全规定、焊接设备必须在教员的监护下完成操纵规定、四旋翼作品在调试中的防护措施规定等。

通过以上六点的准备，有了一整套解决方案，并且将人、财、物这些条件有机地结合起来、有效地运行起来，才能够将实训基地育人体系建设成为一个名副其实的科技普及的载体、科学文化的容器、科技创新的摇篮。

二、实训基地组织机构建设研究

实训基地主要实体部分由中学的课外兴趣小组、高校学生社团、高校科协中心三部分组成，外围有其他高校或研究所、校企合作单位、中学其他机构，如财务部和教务部、采购单位、外协单位、政府部门等。核心人员有：学生、辅导教师、社团团员、指导教师、管理教师。辅助人员有：班主任、学校财务人员、学生家长、高校和研究所的专家学者、校企合作单位的技术工程师、政府部门的竞赛组织人员、采购店家和外协单位联系人等。

体系的运行主要有以下事务：教学实践规划安排、其他工作的日程安排、突发事件的处理（学员因病请假、课程冲突等事宜的联系等）、社团与兴趣小组的沟通联系、社团和实验中心的沟通联系、理论授课内容的编制、教学模块的设计与制作、实践教学活动的设计、管理硬件装置的开发（远程预约）、教员授课或带领学生分组实训、线上学习结果的登记、学员考核理论和实践题的编制、学员的选拔晋级、教员的选拔、实验室及设备的共享安排、实验设备的培训、实验室安全培训、项目所需元器件的采购、项目所需电路板的外协、邀请相关专业专家学者做前沿报告、邀请校企合作单位技术工程师介绍行业技术动向、联系政府部门竞赛组织人员、组织参加竞赛展示、专项经费的收取和支出、兴趣小组与家长的沟通联系、兴趣小组与班主任的沟通联系、优秀学员和先进教员的评选等。

将这些单位部门、人员、诸多事务组织并有效管理起来，大家按计划逐步实施，保障基地育人体系安全、高效地运行。

三、实训基地培养模式探索

（一）学校规划

育人体系培养模式的时间跨度非常长，经历从初中到高中再到大学的十年时间，这种沉浸式的培养方式符合创新能力培养的科学规律，有人妄图在短时间内突击培养出有创新能力的人才是不可能实现的。而这种长时间的培养模式，由于跨越了多个学校和多个学龄阶段，对各自有着不同学习考核目标的单位来讲，要统一规划、协同配合、共同不懈努力培养是很难做到的，谁也不会主动提出超越自己掌控范围的规划，即使提出规划也无法指挥其他单位来实行，因此需要有一个机构，可以跨校联合、统一规划，通过长期的教导引发，成就学生科学创新素养的形成，这就是实训基地育人体系存在的真正意义。

（二）基地教员

基地的教员主要是大学生社团的成员，他们有充足的时间、扎实的专业基础和优秀的动手能力，大学生给中学生授课时用同龄人的语言、网红词汇，课堂有趣而不拘束，大幅增加了同学学习的兴趣。

（三）重视实训

以电子学专业为范例，科普课程内容涉及的语言类开发平台有 C 语言、Python 语言、开发数据库 SQL 语言、开发 App 的 Android-Studio、开发 Web 的 HTML5 网页开发语言、Javascript 前端开发语言、PHP 后台开发语言等；硬件开发平台有 MCS51 单片机、STM32 单片机、树莓派、FPGA 可编程逻辑器件等；这些课程配合一些功能模块如摄像头模块、无线通信模块、飞行传感器模块等；配套需要学习一些算法如 PWM 算法、PID 算法、高斯滤波算法、姿态融合算法等，内容比较全面。但这些课程知识的授课对象是中学生，就必须进行改变，理论部分要简单通俗地介绍，对动手实训要重点强调，看得到、摸得着、学得会是保持学生兴趣的最好手段，所以这是实训基地融合育人体系的一个重要原则，把握这个原则，让学生从实际功能中学会反思，从出现的问题中学会思考，它的原理是什么，带着问题去咨询教员、查阅资料，更能牢牢掌握原理。

（四）项目驱动

项目驱动采用工程项目载体实施项目驱动式教学的思路。从课内到课外，以任务促进专业技能的培养，解决理论教学抽象难懂、理论与实践脱节等诸多问题，真正做到“以学生为主体，以项目为中心促进教和学”，实现教师课堂教学、学生课外实践以及竞赛培训等工作的一体化融合，使得学生不仅掌握专业技能，而且为参加各类竞赛获得了宝贵的经验。真正做到“以学生为主体，以项目为中心促进教和学”，提高教学质量，促进学生竞赛获奖。在完成项目的过程中，教员是引导、协助发现问题、指点解决问题的关键，教导如何通过对多种方法的比较，择优而用。学会多种方法的融合，产生一种新的效果更佳的方法。团队合作则可以合众人之力、发挥各自的优势、分工合作共同去完成一个大型的项目。团队合作需要有前期的规划，不断地沟通讨论、群策群力、集思广益，充分发挥“三个臭皮匠，顶个诸葛亮”的精神，努力发扬艰苦奋斗的品格，互相鼓励、互相鞭策、永不放弃。也要发挥“三人行，必有我师焉”的谦虚品格，向队员学习、取长补短，力争任务完成得尽善尽美。

（五）线上线下同步管理

线上发布任务、线下课堂教学、竞赛项目管理等可在同一个软件中同步管理，方便教员、辅导老师、指导老师对学员各方面学习情况的了解和掌握，为晋级考核提供基础数据。

（六）学员选拔

学员根据水平的高低分为兴趣班——基础、实验班——实训、专业班——综合、竞赛班——全能，在每个水平阶段完成学习后进行考核，通过理论和实践两方面的考核淘汰一部分不达标的同学保留在原水平段继续学习，水平达标的同学晋升到高一级的班级学习，这种淘汰的机制是选拔人才的重要手段，会促进整体的水平提升。

（七）竞赛检验

参加国家部委组织的各类科技创新比赛，“养兵千日，用兵一时”，平时艰苦的训练，竞赛场上的一较高低，全面检验培养成绩。创意、制作、撰文、演讲样样精通，区市省国逐级晋升、公平公正、大家认可。

根据以上七点模式，科创培养人生规划+项目驱动科普教学+参赛获奖检验标准，这就是实训基地育人体系的创新培养模式。

第三节　联合实训基地功能及特色

一、高校选才的来源

（一）高校需要具有科研素养的学生

科研素养是指从事科研工作的科研人员应具备的素质。主要由科研意识、科研方法、科研精神构成。科研意识是指积极从事科学研究的心向，潜心捕捉和发现科研课题的探求欲。科研方法是指选题、搜集资料、社会调查、实验研究、统计处理、总结研究成果、撰写研究报告等具体方法和经验。科研精神是指勇于探索、刻苦钻研、团结合作、不断创新等精神动力。强烈的科研意识、科学的科研方法和崇高的科研精神，三者在构成科研能力中相互依存、相互促进。

科研素养不是一蹴而就的，都需要长时间的学习知识+阅读+思考+实操+总结+升华的过程，最后周而复始地循环，在不断吸取养分的同时，慢慢地培养科研素养。

基地要为中学生打造最具学术价值的科研活动，从而培养和磨砺出令人骄傲的科研素养。要培养学生出色的学术能力，需要严格规范的科研项目实训，通过实训不仅要学会独立的学习和研究，还要具备批判性的思维、缜密的逻辑表达、优秀的信息检索和对所学知识的归纳能力。

基地要以科普教学、科研实训、论文撰写、创新竞赛等为主要形式，先学习基础科普知识后开发创新思维，通过社会调查，将获得的创意通过自己的手变成一个满足市场需求的产品，最终在培养科研素养的同时得到自信，得到别人的认可，得到成功。无形之中帮助中学生在这个巨大变革的时代中提升竞争力，掌握终身受用的学习能力，更加从容地应对未来挑战。基地鼓励有创新潜质和学科特长的青少年进行系统的科学普及和研究，通过项目的完成情况发掘青年英才，为学校输送优秀的具有科研素质的创新人才。

（二）科技创新类特长自主招生

为了给国家选拔一批有学科特长或创新潜质的青少年，国家在高考制度改革中不断创新、不断试点，探索一种人才选拔体系，既能做到公平公正、择优录取，又能做到不错失具有科研创新能力的潜藏人才。

（三）科技社团培养模式的接轨

科技社团在培养学生创新能力方面发挥着越来越重要的作用，其地位也相应地受到了学校和学院更多的重视。“为竞赛而设，为科研而聚”，这是科技社团诞生和发展的力量源泉，科技社团是科技创新爱好者的俱乐部，为培养学生创造性思维和创新能力提供人文环境和技术支持。专业社团接纳对专业社团活动感兴趣的学生，同时为学生兴趣爱好得以实现提供了很好的平台。他们因为志向相近而走到一起，互相启发、互相帮助，组队 PK，参加各类科研项目、各种科创比赛，成为合作伙伴。专业型社团的活动方式是第一课堂教学活动的延伸，两者之间存在区别但是并不脱节。专业型社团的活动形式多种多样，内容丰富多彩，并且具有很强的针对性。这些活动都是基于学科专业知识的一种探究性学习活动，大学生积极参与其中并认真实践，提高了理论联系实际的能力。学生运用书本上学到的知识解决了现实问题，从中获取的成就感会激发学生的专业学习兴趣，掌握从事科研创新的基本方法和技能，促进科研创新能力的发展。此外不同的专业的科技社团互相交流，对同样一个问题有不同的看法、不同的解决思路，这种学科的交叉，也能激发学生的创新意识和创新思维。

二、中学素质拓展训练的要求

基地是中学和高校之间承上启下的桥梁，基地建设采用深度融合的育人模式，对一个学生的学习黄金期的科研人生规划，利于国家、利于高校、利于中学、利于学生，多赢局面会让整个社会共同来筑起科创兴国的巨浪。中学对学生科研素质拓展训练主要有以下方面的要求。

1. 开展课外活动，培养创新思维

基地在中学生开展课外活动中起到以下作用。

①从创新性和实用性角度，指导学生确定研究课题。

②指导学生研习参考资料、科学文献。

③指导学生设计并完成相关的社会调研、科学实验。

④和学生一起完善研究思路、列出研究大纲。

⑤指导学生进行学术报告、论文等科创成果的撰写。

2. 以赛检学，以赛促学

基地可以培养学生参加创新竞赛，如“明天小小科学家”、全国青少年科技创新大赛等，通过先培养兴趣后参加比赛的模式，在实战中提高中学生创新能力。用公平的竞赛检验学习的效果，用竞赛促进能力的培养。

全国青少年科技创新大赛是由中国科协、教育部、科技部、生态环境部、体育总局、知识产权局、自然科学基金会、共青团中央、全国妇联共同主办的一项全国性的青少年科技竞赛活动。大赛具有广泛的活动基础，从基层学校到全国大赛，每年约有 1 000 万名青少年参加不同层次的活动，经过选拔，500 多名青少年科技爱好者、200 名科技辅导员相聚一起进行竞赛、展示和交流活动。全国青少年科技创新大赛不仅是国内青少年科技爱好者的一项重要赛事，而且已与国际上许多青少年科技竞赛活动建立了联系，每年都从大赛中选拔出优秀的科学研究项目参加国际科学与工程大奖赛（ISEF）、欧盟青少年科学家竞赛等国际青少年科技竞赛活动。

三、实训基地育人特色

①基地的培育持续、周期贯穿中学和大学，整个周期长达十年，每位同学实实在在地培养掌握科学知识和动手实践能力，这种学习过程有较长的持续性，并非单纯参观这么简单。科创活动统一规划由浅入深、层层递进，根据课程知识体系的难易，结合学生自然的生长发育统一规划，这是目前没有哪个学校能凭借一个学校一己之力就能让学员在校期间

实现的。

②基地以大学科研社团的学生为教员主体、指导教师为辅助，大学生带中学生，顺利衔接，用自身体会经历指导学弟学妹们。既解决了教员不足的问题，又培养了大学段同学的自身能力。

③基地构建“线上线下混合、课内课外融合、理论实践结合”的实践育人模式，为创新能力培养创建新的学习手段。通过在教学平台上开设课程，在教学平台上开放共享实验教学项目等，满足学生随时获取课程教学资源的需要，实现了线上线下混合式教学；延伸了实践教学的时间和空间，实现了课内实验与课外实践环节的融合；基地是深化课程改革的主战场，做到课外辅助课内，并且深化课内。

④基地以赛促学，以赛促选，将兴趣和动手能力培养同步提升，通过组织学生积极参与各级创新比赛，设计各类创新项目，使学生将掌握的理论知识更好地应用到创新实践中，同时用竞赛来检验学习效果、提高自信，用比赛获奖作为成果导向激励教员和学员发愤图强。

⑤基地针对性强，基地以培养科技创新能力为目的，中学开展的科技课外活动为高校输送优秀人才，大学开展科技创新比赛为了保研或从事科学研究，为国家输送高素质的科研人员。

⑥基地采用“实验、实训、实践”全方位实践教学体系，高度重视实践，为创新能力培养创建新的学习方式。采用“实验慕课”和“翻转实验室”的方式，把课内实验变革为自主实践，解决传统科技创新实践教学中“教学内容、教学方法、课程组织及时间安排”方面存在的问题；引导学生进行研究性探索，逐步培养学生的自主实践能力。以科技创新实践改革为切入点，优化实践内容、强化实践环节；让学生提前进入理论与工程实际相结合的训练阶段，鼓励和帮助学生尽早进入实验室完成创新性实验设计，积极参加各种科技创新比赛，培养学生的科技创新能力。

⑦基地精心设计多学科交叉融合的实践项目，建立动态项目库，为创新能力培养创建新的学习内容。结合科学研究和行业需求，采用持续动态更新的模式完成实践项目库的更新和建设，项目库包括科研项目、工程实际项目、科技创新项目等。实践项目首先用于科技创新实践教学，学生将项目功能进行优化、完善、扩展后，可用于各类创新创业训练计划和学科竞赛活动，经逐届传承、培育后可进行产学研项目开发，将产学研项目分解提炼后重新加入实践项目库中，构建了动态更新的项目库建设体系。

第四章　产教融合下实训基地资源与平台建设

第一节　产教融合下实训基地建设中的资源共享

校企合作中，企业和院校各具优势，且在资源现状和需求上各不相同。企业所需求的资源即人力资源、技术资源，学校所需求的资源即设施设备、场地资源、师资资源等。一般来说，一方所需求的资源正好是对方的资源优势，校企合作中校企双方理应在资源共享和资源互换上达成一致，但从实际情况来看，校企合作中有关资源的获取和共享方式还存在着诸多问题。校企合作中的资源共享在现阶段还停留在“共享”的表层，对关键资源的获取及使用目标上还存在一些问题。

一、校企合作中资源共享的理论与现实

职业教育以“工学结合”和“校企合作”形式为发展重点，它是职业院校本质属性的要求。基于校企合作，企业与学校两大社会主体的性质虽然有所不同，但出于共同的利益追求又必须相互依赖、相互生存，而之所以会形成这种关系，就在于两者的资源优势对对方来说具有不可替代的作用，从而使得双方在资源互补的前提下建立有效的合作关系。

而当前校企合作的现实情况则是，教育资源分布不均导致职业教育的发展受到重重阻碍和约束。对此，对教育资源进行全面整合、深化产教融合，是发展职业教育过程中需要重点解决的问题。从大量的实践经验可以看出，校企合作的深度和广度直接影响着职业教育人才培养的质量和水平，而在多重因素的影响下，我国现阶段的校企合作仍然处于初级阶段。

（一）校企合作中资源共享的理论透视

1. 校企资源共享形态

校企合作的基础在于资源共享，从资源理论来看，校企合作就是企业与院校通过合作达成伙伴关系，与对方组织实现优势互补。

（1）校企合作的资源驱动——占有对方的关键资源。

职业院校的资源为教育资源和公共社会资源的混合体，因此职业教育的资源需求具有多层次、多类别特征，主要包括基本的教育需求、就业需求、发展需求，内容主要涵盖了

基础文化素质教育、基础理论知识教育、专业技能教育、实践能力教育、专业提升和拓展教育等。

在市场经济中，不同行业领域对人才的需求各有不同，且相对较为复杂，这主要是受就业区间、就业意愿、就业满足度、教育周期等因素的综合影响，是政府、社会、学校、个人等关系相互作用的结果。从教育资源的供给角度来看，只有充分协调和匹配人才的供给和需求才能发挥教育资源的作用，不同主体的资源储备实现真正共享才能确保高质量的教育实效。对于职业院校来说，其无法全部拥有必需的就业资源，且仅凭学校自身的力量很难将不同的社会资源进行合理调配，因此就需要与企业、政府、社会达成合作关系以完成资源的合理调配，实现资源整合，促进优势互补。

由此，校企合作资源共享便形成了一种基本理念——自身不一定需要拥有关键资源，但需要具备对资源的调配能力。合作关系可以使双方资源共享，并以此作为双方获得同等价值的一种公平补偿方式，因为合作者都期望有广泛的资源分享。

（2）资源共享的理想状态是建立社会伙伴关系。

校企合作建立在双方资源共享的基础上，它是超出了物质类范畴的能力共享，当共同体双方能够在没有竞争时目标一致，便可构建最佳资源融合合作关系。当合作主体能够使双方都获得相应的利益，这种合作就是主体在智力上的给予和获得。职业教育的实施主体较多，且相互结合，从而会形成一种多元化、多层面、放射性的合作关系网，在这一合作关系网中，各个利益主体相辅相成、关系稳定。合作的形态不同，社会伙伴关系的组成也会有所不同，一般表现为以下几种关系。

①法定型社会伙伴关系。法定型社会伙伴关系的典型特征在于，各主体间出于某种政策目标，在官方机构的组织下建立起合作关系，其利益追求与优质资源都与社会直接或间接共享，例如学校与工厂的合作即属于这种社会伙伴关系。

②社区型伙伴关系。社区型伙伴关系在社区范围内组成建立，因此所关注的问题也仅限社区范围内，参与者需要组织开展各种社区活动。这种关系是由地方政府、企业、职业院校、培训机构相互合作所建立的网络型结构，一般会跨越两个社区，以此推动地方政府的互动，同时引导地方政府制定相关的政策法规，为社区范围内的群众提供广泛的教育机会和平台。

③协商型伙伴关系。协商型伙伴关系建立在互利共赢的基础上，双方之间有基本一致的利益目标追求，出于内部和外部的利益互动发起组建，以此维持双方的伙伴关系，实现共同的利益追求。

相比于前两种合作伙伴关系，协商型伙伴关系是运行时间最久的，一般长达 11~15 年。

2. 校企合作的伙伴关系纽带

企业和院校虽然在文化、理念、社会责任、组织结构、运行体制等方面各不相同，但在人才培养目标方面，两者却能保持基本一致。

（1）校企合作过程中社会伙伴关系的植入。

社会伙伴关系是由官方机构或社会团体所推动构建的战略合作关系，这种合作关系有利于在保障当地人民利益的前提下，为当地的各种社会问题和经济问题提出解决方案。社会伙伴关系是社会不同群体之间通过共同协商所形成的利益纽带，是以“互利共赢”为前提建立的一种契约合作关系，它包括政府与非政府、实体经济与非实体经济之间的合作，在这种合作关系下，各个主体成员的工作效率都会有所提高，同时，其各自利益也会得到相应的增长，增加各个成员的社会资本。此外，这种社会伙伴关系可以有效促进不同社会群体之间的合作，改变原有的合作方式与机制，为社会的发展营造一个稳定的环境。

在社会合作关系的不断发展中，伙伴关系逐渐进入了职业教育领域。在职业教育中，以往的伙伴关系是学校与商界的合作。从商界角度来看，参与职业教育是有明显优势的，一方面可以在人力资源上选择和吸纳更为优质的青少年人才；另一方面，产品周期日益缩短，员工技术调整加速，青少年人才更能适应。此外，伙伴关系是一个发展过程，是不断变动和成长的，职业教育正是在这种关系的推动下获得了更全面的市场信息和资源供给。

（2）职业教育社会伙伴关系的界定。

职业教育社会伙伴关系是指由学校、企业、政府、教师、学生等主体在共同提升的状况下所组建的合作关系。从这种合作关系中可以发现，职业院校的办学雏形就是依靠多元化社会力量所搭建的办学模式，目前这也始终是职业院校所努力的方向。职业教育社会伙伴关系主要关注以下几大要素。

①参与者。多元化社会主体要严格遵守合作关系所建立的章程和规定，同时做出组织承诺。

②关系。在达成合作关系后，各个参与者之间要保持长期性、稳定性、可持续性的关系合作。

③资源。不同的参与者在合作关系中需要为其他主体提供不同的有价值的资源，如知识资源、设备资源、技能资源等。

④分担与共享。分担是指在合作关系中，不同主体要分担相应的责任以及风险后果；共享是指资源和利益上的互利互惠。

⑤连续性。成员主体之间的价值、利益、目标等要达成基本一致，这是合作关系良性循环的前提条件，是维持长久信任关系的基础。

以上内容是合作关系建立的基础，可以看出，各个主体之间的合作关系是相互依赖、相互承担、相互分享的。

（3）校企合作共同体内部的关系网络。

社会伙伴关系的主体具有多元化特征，涉及各个行业领域，校企合作中的利益相关者在价值网络的维系下形成长期的合作关系。这里所说的价值网络涵盖范围较为广泛，是全世界范围内的一个复杂性整体，在这种复杂的环境中，各个行业获得成功的关键在于与其他社会主体形成的关系网络，并在这一关系网络中传递价值，形成价值网络。价值网络结合了人力资源、信息内容、物质基础三方面要素，三者形成一个有机整体，在价值网络中处理和解决各种问题和矛盾。

职业教育在社会关系中的重点在于培养、培训、就业、升学，是融合多主体从而形成一个共同体形式的利益网络关系。社会伙伴合作关系的本质在于服务，在合作关系中，各主体都会扮演一定的角色，如政府扮演的是推动者、监督者、协调者、自助者角色，为职业教育校企合作提供各方面的保障；学校所扮演的是培养者角色，为企业和社会培养高素质的技术型和应用型人才；企业所扮演的是投资者、服务者、消费者、主办者角色，为职业教育提供平台和机会，它是职业教育人才培养的最大劳动力市场。

（二）校企合作中资源共享的现实透析

1. 校企合作中共享的资源类别

从教育资源的框架来看，校企合作中的资源类别主要分为四种：人力资源、物力资源、信息资源和资金资源，其共享效果与校企合作的内部和外部环境都有着重要的关系。

（1）人力资源的共享。

在校企合作中，人力资源包括教师资源、学生资源，其中教师资源主要为院校专业教师资源、兼职教师资源及校企合作中企业的专业技术人员、到企业实践的教师资源等；学生资源主要为企业实习实训学生、在校综合素质优异的学生等。人力资源的共享主要表现在以下两方面。

①师资方面。校企合作中形成师资资源共享，是指院校与院校之间形成互通，建立合作共同体，在教师资源中设立兼职教师资源库，兼职教师资源库除了包含院校的专职教师外，还可以是企业的专业技术人员，使教师能够根据不同院校的需求来进行兼职。院校可以在教师兼职资源库中选取企业专家和技术人员来校进行实践指导，企业可以在教师兼职资源库中选取专业的教师入企指导，双方之间形成兼职互聘。

②学生共培方面。以具体的专业为前提，企业与学校针对即将毕业的学生制定专业实习方案，明确学生在企业实习的具体内容和要求，根据学生的实习情况予以严格考核制度，以此保证学生的实习效果。尤其是校企共建的职业院校，学生在企业的实习详情需要更加细化，并以学期为单位进行师徒结对、分组结对、分组指导，将具体的任务具体到人，此外，还可以在师徒结对时增加仪式感，使师徒双方的关系更加密切，增强双方的使命感和责任感，提升学生的学校效果。

（2）生产性资源的共享。

生产性资源又可以分为硬性资源和软性资源。实训场地、实训设备设施等属于硬性资源；课程教材、项目化教学、人才培养方案等属于软性资源。在校企合作中，企业和院校对生产资源共享的落实情况尤为关注。

①实训场所建设方面。实训场所的建设并不是单一地依靠企业，学校也需要保证全程参与，实现共建共享。在具体的建设过程中，应当坚持“围绕以新兴岗位，引入行业企业标准，课程融通，建设数字化资源”的思路；推进课程体系、教学内容、教学方式、教学情境的转化和重构，不断深化课程体系改革标准，将企业的实际需求与院校的课程内容设置相结合，同时，与行业专家和课程开发专家共司组建课程标准，实现教学资源的数字化建设，以培养综合型的电子商务人才。

②教学培养实践方面。基于教学实践的共享原则，教学课程要做到实践化，就需要将课程内容项目化，在课堂教学中为学生提供企业的现实案例，如企业生产线的真实流程、实际操作工序、产品开发过程、技术项目的困难等，当这些真实的企业现实案例渗透进职业院校的课程教学后，其教学效果势必能事半功倍。

（3）衍生资源的共享。

衍生资源是指资源在发挥本身的价值之后，还能具有价值增长性，它是对创造过程和创造结果的一种反映。校企合作中的衍生价值主要包括研发资源、意识资源、就业平台。从我国校企合作目前的形势来看，其衍生资源共享方面的效果不太理想。

①研发资源。研发资源即技术攻关和技术服务，包括知识产权、生产专利、重大项目等内容，这种资源一般很难由企业独立完成，常常是多个企业或专业群组进行共同研究攻克。研发资源是企业所给出的“技术难题”，需要由优秀专业教师或企业技术专家结合成项目组来共同完成。

②意识资源。意识资源既是一种主观认识，也是一种文化渗透，比如教师入企实践从而获得的各方面认知就是一种意识资源，如岗位认知、行业认知、技术认知等。企业具有对市场的敏感度，能够第一时间知晓行业动态和发展方向，因此企业对技术的更新以及企业经营理念通常也最为前卫，职业院校的教师在企业实践中也会潜移默化地形成对市场的灵敏感知，这对教育教学的开展是具有积极意义的。

③就业平台。就业平台并非企业与学校的一对一形式，而是多个学校与多个企业的多向选择形式，这与传统意义上的“就业平台”认识有所区别。这种多向选择的就业平台不仅提高了院校学生的就业率，同时还提高了学生的就业质量，此外，企业通过就业平台也能自主地优先选择高素质人才。

（4）文化资源的共享。

文化资源是一种隐性资源，在这里主要是指企业文化资源，如企业的行为规范、操作流程、职业素养、制度管理、经营理念等。学生通过校企合作的下设实习项目，能够直接接触与专业有关的产业文化，这是对专业的一种产业对接，有利于熏染和滋养人才。

2. 校企合作中资源共享的困境

从校企合作的形式来看，企业与学校的利益和目标追求是基本一致的，从表面上讲，基本不会发生太多的矛盾和摩擦，但从客观层面来看并非绝对，其在共享环节、共享广度、共享机制等方面总会出现一些问题，存在一些矛盾。

（1）共享环境：校企资源整合缺乏有效氛围。

①政府推动资源整合作用失位。只有将各个区域内及各个主体的资源进行整合分配，资源本身才能发挥出更大的价值空间，资源整合主要依靠的是政府的统筹调配，以此使企业、学校、社会能够共享。同样地，在校企合作中，政府对职业院校的资源也兼有整合的责任，此外，还需要对企业与学校的合作关系不断组织和促进。但是从实际情况来看，政府在其中并没有充分发挥应有的作用。

②校企资源共享无位。校企合作在资源共享上没有适当的平台，双方之间缺乏共享的桥梁和纽带，由学校和企业所组建的一对一合作形式压力过大。尤其是对一些中小微型企业来说，这种困境尤为明显，由此导致部分企业在参与职业教育时力不从心，其不能够为学生实习实训提供充足的岗位，且企业自身的信息技术等资源也较为局限，所以无法进行有效的资源共享。即便是企业与学校以一对一的形式在短时间内能够保持一定的供给，但是从长远合作来看，其合作关系也很难保持稳定。

（2）共享广度：校企资源共享面有待拓宽。

从现阶段校企合作的共享资源来看，其主要集中在硬性资源上的共享，即设施设备，而在技术层面的资源共享较为欠缺，之所以出现这种情况就是因为主体权利与义务的边界模糊。

从实习实训方面来看，职业院校所需的资源要求是具有一定技术含量和先进生产方式的岗位，然而事实上企业无法给予院校及学生这样的岗位机会，因此，很多学生虽然完成了实习实训，但是从掌握的技术来看，也只是熟练掌握了一些较为简单的机械操作，而没有掌握与时俱进的技术技能。许多企业通常以低端又廉价的技术生产岗位提供来换取企业的生产利润，这与职业院校校企合作的目标大相径庭。

从课程教学层面来看，学生在课堂学习的知识应当是日后进入社会参加工作实践所能实际运用的，而企业最清楚何为需要实际运用的知识，因此应当吸纳企业专业人员参与职业院校的教材内容编撰，使其成为职业院校师资队伍中的重要一员来帮助教材完善，但是从实际情况来看，这种实行办法也存在诸多困难。

第一，企业的高技术型人才更多的时间和精力专注于企业自身的产品开发和企业管理，所以针对职业院校的帮助相对有限，且不稳定；第二，学校亟须的是先进的技术技能，但是出于对知识产权和专利的保护，大多数企业将其视为机密而不轻易泄漏，所以企业的高技术型人才也不可能将这些技术信息披露给院校，在教材完善的某些方面可能束手束脚。

（3）共享深度：校企资源融合共享浮于表面。

①共享收益分配不明晰。校企合作资源共享对于学校来说，其获益成果是基本明确的，比如教学实力得到提高、学生出口渠道得到拓展等。但是对于企业来说却较为模糊，企业参与职业教育校企合作最直接的利益需求就是对高素质人才的需求，但是企业并不能

确定职业院校能够完全为其输送人才，有效满足企业人才需求。

②校企双方缺乏信任感。主要是由于企业与学校在校企合作中对利益的追求仍停留在短期利益和眼前利益上，因此双方的合作关系缺乏整体规划和全局调整，很多企业认为职业院校办学是学校的事，与企业并无必要的关系，且没有从根本上认识到企业与学校合作办学的优势和好处，因此一方、双方的认识不足就导致了信任感的缺失。

（4）共享机制：校企资源共享尚未形成双向流动。

校企资源共享没有形成双向流动模式和双向获取机制，是导致校企合作发展不全面、不深度的重要原因。

①校企之间的合作“松散”。一般表现为学生参加实习实训的时间短、交流方式不当、实践内容掌握不深刻、学生缺乏专业工程师指导。此外，在职业院校方面，学校没有为学生提供优质的学习资源，人才开发机制不健全等也是合作松散的表现。

②校企合作中学校的“假热”。这种“假热’主要表现在，很多职业院校对校企合作的参与积极性非常高，但是在实际合作过程中却急于追求眼前利益，而不愿意对企业进行实质性的资源投资，因此也难以获得理想的收益，双方之间的合作逐渐冷却。

此外，从我国校企合作的现实情况来看，目前校企合作是以企业作为主导者的一种单向资源流动，比如，企业在院校中设立助学金、奖学金或为学生提供实习实训岗位等。企业的这种单向资源共享也存在一定的弊端，即工种单一、实习实训岗位有限、岗位操作实效性较差等，也使得企业参与职业教育的积极性不高，所以很难实现资源共享双向流动。

二、基于职教集团的校企资源共享优势分析

职教集团是指职业院校、行业企业等组织为实现资源共享、优势互补和合作发展而建立的教育团体。职教集团是近年来我国加快职业教育办学改革、促进优质资源开放共享的重要发展模式。职业教育的主体成员较为广泛，主要有政府机构、行业组织、企（事）业单位、职业院校、研究机构、社会组织等。在人才培养上，职教集团讲究师徒制模式，以师徒对接的形式授业解惑。

（一）职教集团内涵与特征的适用性诠释

1. 职教集团的特点和趋势

职教集团是由多个独立法人所组成的机构，其合作形式主要以契约、资产等形式为主。近年来，我国职教集团普遍取得了显著的办学成效，促使更多新兴的职教集团陆续诞生，在早期职教集团的发展规模和内涵建设上，集团化办学也显现出了一些新的特点和趋势。

（1）办学模式的多样性和公益性。

办学模式的多样性取决于职业教育办学过程中成员之间的关系，比如从服务面向层面来看，有区域性集团、行业性集团，且逐渐形成相互交错的特征；从联结纽带来看，既有契约纽带，又有产权纽带，并逐渐出现复合型发展方向。这种多样性的关系直接决定了办学模式的多样性。职教集团的公益性即指各个成员在合作过程中有各自不同的利益点，如成员的个体利益、集团成员的共同利益等，但是集团本身不会以营利为目的，而是为地方或某一行业输送高素质人才。

（2）跨部门合作与资源整合的中介性。

各个主体在不同的环境中基于不同的立场，对利益的追求和需求都会有所不同，因此，在相互合作中出现利益矛盾和利益冲突是在所难免的，这就需要职教集团发挥自身协调者的作用，对各方矛盾进行协调和处理，从而寻找新的利益契合点，共同提升资源功效、促进产教融合。

（3）技能供给的系统性与服务性。

系统性主要是指根据我国实施的“中国制造 2025”战略，对人才的技能技术进行系统化优化和调整，并保证人才在产业和地区的均衡分布，实现人才、产业、经济合理布局、对等匹配。这就需要在人才培养的过程中，结合当下社会环境的技能生态，对人才进行职前一体化培养，对在岗人员进行系统化培训服务。不过，就我国职教集团的现阶段情况来说，做到这一点还有一定的难度。

集团化办学对产教融合模式起到一定的推动和促进作用，有利于根据不断变化的社会经济形势来实现人才培养的转型。同时，集团化办学还有利于决策者在制定产业升级政策时，使政策措施更为稳定和合理，为人才的发展提供一定的保障，促进社会劳动力市场的稳定发展。

2. 职教集团的发展现状

（1）发展规模。

从发展规模来看，我国职教集团的发展形势良好，尤其在近年来，为了推动职教集团的进一步发展，国家更是颁布了一系列的相关文件，使我国的职教集团以稳定的形式不断发展下去。在参与主体上，随着我国职教集团的不断发展，政府部门、行业组织、职业院校、企业、科研单位等诸多主体成员不断参与其中，实现了职业教育成员的多元化发展。

（2）组建形式。

从组建形式来看，我国职教集团已经改变了以往单一的组建形式，逐渐转向了多样化的组建形式。在牵头主体上，以中职、高职（含本科）、行业协会、培训结构形式共同进行；在服务范围上，形成了全国省、市、区、县范围的职教集团服务；在联结方式上，以契约联结为纽带、以资产联结为纽带、以契约与资产共同联结为纽带；在覆盖范围上，形成了全国、全产业链的覆盖范围。

（3）政策推动。

从我国的政策来看，教育部以及地方政府对集团化办学也表现出了高度的重视，对此出台了各项政策文件来推动集团化办学的发展，同时，每年对其财政拨款，帮助集团化办学的建设。

（二）职教集团资源共享的关系优势

集团化办学的参与主体多元化，因此所拥有的资源也较为丰富，在制度化组织结构和规范化组织管理的保障下，各个资源有效整合形式多样化合作，发挥出资源的更大优势。

1. 群体优势能够带来规模集聚效应

职教集团在多元化主体的参与下对资源进行一体化统筹，并在社会主义市场经济环境下实现资源的优化配置，使资源发挥自身最大的效益。职教集团虽然能够形成资源统一，但鉴于它的经济服务功能以及当前的社会发展背景，资源若仍然停留在简单的积累和共享上，则很难获得长久的发展。所以，职教集团应当对资源的聚合、分配、规模、质量等进行创新调整，形成新型的资源共享模式。

从我国职教集团现阶段的发展形势来看，主体参与数量已经由原有的“一对一”形式转为现在的“多对多”形式，合作途径和合作领域都得到了有效拓展，职业教育校企合作资源也有了更多聚集的可能性。此外，集团成员也更加丰富，包含了行业、产业部门、科研机构等多个集团成员，为集团提供了更加多元化的资源类别，使校企合作在优化资源配置时合作得更深入。

2. 组织优势能够带来资源整合效应

在利益方面，职教集团具有调和、整合的功能，能够使各方主体利益追求基本达成一致，以此实现资源网络的规整。集团办学的主要功能就表现在对各方资源的整合上，有利于对师资、实训、岗位等教育资源实现配置优化。从集团角度来看，通过职教集团办学可以将各方主体统一起来，一方面形成了资源的整合，使资源能够发挥出更大的效益；另一方面，各方成员主体集合在一起，取长补短，使职业教育更具有竞争力。这不仅为成员在资源整合的过程中打下基础，还会因此衍生出新的资源，即集团内部成员之间的共有资源。在以资源为枢纽的缔结下，主体双方的合作关系更加密切，职业教学的办学质量和人才培养质量都能得到同步提升。

从集团内部的主体成员来看，当相应的考核评价机制和奖惩措施得到落实后，其主体成员对职业教育的参与积极性和主动性会显著提高，同时，校企之间的沟通和交流也会更加深化，促进彼此相互了解和合作，资源配置也会得到进一步健全和完善。职教集团的参与主体涉及多个行业协会、行业组织，从整体上看其在行业指导方面更具优势，因此也更容易得到行业组织和产业部门的支持。

3. 品牌优势能够带来向心力效应

职教集团具有多重身份，其中一个身份就是中介，它对各部门具有第三方跨界协调功能，能够促使各方主体的合作更加密切且稳定。对于职教集团来说，其发展的核心动力就是主体之间的利益共赢，所以，职教集团一方面要为职业院校的招生、人才培养、实习实训等环节提供必要支持；另一方面，还要为企业的人才需求做出保障，为企业注入更多新生力量，解决企业人力资源短缺的问题。

总的来说，集团办学可以实现教育、经济、社会三方面资源的整合，实现各主体间优势互补、互惠共赢。职教集团在不断的发展和转变中，对集团内涵的建设愈加重视，院校之间的联合使人才培养的标准更加统一化，校企之前的深入沟通使人才培养的文化适应性达成共识，职教集团不断通过对内在优势的聚集和优化，使职教集团形成品牌化，在社会中建立一定的声誉和影响力，以此吸引更多的外在利益相关者参与到职业教育中来，实现社会力量的聚合，促进更多伙伴关系的加入和多元化的资源投入，使集团教育的生命力更为持久。

职教集团的这种关系式组织，其本质就是由于集团具有一定的跨界性，通过各方主体在利益中的缔结，使各自形成捆绑式利益相关者。

（三）职教集团资源共享关系机制分析

职教集团资源共享关系机制，是指各合作主体之间的关系、作用、制约关系及其原理。职教集团是一种社会性伙伴关系组织，伙伴之间的互动和联系主要依靠主体之间的资源共享机制实现，其内容主要包括利益机制、交往机制和组织机制。

1. 互益性的利益机制

对职教集团来说，利益机制是伙伴关系形成以及集团发展的核心驱动力。在职教集团中，虽然各方主体的利益追求和导向各不相同，但是在利益机制的协调下，可以实现不同利益价值的融合或妥协。

（1）政府。

政府是公民权利让渡的产物，有责任和义务为公民的合法权利提供保障。在职教集团中，政府的责任和义务在于资源供应、制度建设、监督协调、调配管理等，职教集团多元化主体有利于政府在资源调配中获得政治合法性，更有利于保障学生得到优质职业教育的权益。

（2）学校。

学校、培训机构等作为职教集团的执行主体，在多方资源的供给下可以使校内、校际职业教育资源的组合得到优化，职业教育也可以因此获得更为丰富的资源，保障职业院校的人才培养规格和质量，切实提升职业教育效益。

（3）企业。

企业是人才的需求方和接收方，职业院校培养的优质人才可以作为企业发展的人力资源储备和企业竞争力的智力支撑，从而使企业人力资源的外在成本得到缩减；同时，企业参与到职业教育中，可以为职业教育的人才培养提供丰富的资源和平台，从而实现参与主体的信息互动并形成职业发展导向。企业不仅满足了自身利益的需求，还提高了资源利用效率，大大缩减了人力资源方面的成本，其品牌和影响力也在社会中得到无形的提升。

（4）受教育者。

受教育者并非单一指职业院校的在校学生，还包括不同年龄段、不同需求的利益群体。

优质的职业教育资源供给更能够根据受教育对象的差异化做到有的放矢，在满足不同阶段、不同需求受教育者的学习需求的同时，有效降低其受教育成本，提升教育质量。此外，职业院校学生在未来的个人职业生涯中所取得的个人发展以及回馈，也属于教育资源的一种供给类型，属于一种“反哺”形式。因此，个人参与职业教育资源的供给对于人生价值的实现、团队的创新协作能力等方面有着直接的帮助。

（5）产业。

产业包含了多元主体的共同利益，在职业教育资源供给体系的构建下，职业教育本身可以得到可持续性的发展，实现与经济社会的良性循环，同时，还能在社会中影响人们的价值观，帮助人们树立正确的价值观、人生观、职业观。

2. 长效性的交往机制

交往机制是为了使职教集团中的伙伴关系更加具有长效性，这不仅涉及资源、信息、知识的分享，还涉及伙伴关系确立之前的沟通和交流。职教集团的各主体通过相互交往、与外部机构的沟通以及与产业劳动市场的交流，逐步实现合作主体之间的互利共赢。

职教集团的交往关系可以从传播学领域来进行分析和研究。

职教集团的交往关系是各方主体之间的交往，即职业院校和政府、培训机构、行业企业、中介组织等主体之间的交往。而需要思考和解决的是，在职教集团中，多元化的主体关系如何交往？交往什么？从利益角度来看，职教集团主体之间的交往主要是通过资源分享实现，资源不仅是主体之间交往的基础，也是其交往的目的，是以资源为基础的互利互惠、合作共赢的过程。多元化的主体在合作交往过程中除了从各方主体中受益外，还要在交往过程中做出一定的奉献，承担部分责任和风险，履行部分义务。当然，在这一过程中，由于各主体对利益的不同追求以及利益的获益不均，在交往中难免会产生矛盾或冲突，这一矛盾的主要根源是双方关系的信任关系。可以说，职教集团的成员伙伴之间必须通过持续的交往和互动，才能使得彼此的关系相互依赖、相互制约、相互竞争，这种关系在合作过程中必然会带有一定的功利性，但是利益始终是合作的推动力，若没有共同利益的追求，合作关系也将很难持续。

多元主体之间的相互交往意味着某种内容的交换，职教集团的交换主要为资源的交换，且在交换过程中需要遵守平等、互惠的原则。这一资源通常包括社会资源、经济资源、信息资源、技术资源、知识资源、设施设备资源等。社会伙伴关系的稳固是需要资源来维系和支撑的，所以开发伙伴关系之间的资源可以使双方的合作关系更为长久。这同时也就意味着，若要维持职教集团伙伴的良好关系，就必须不断优化合作伙伴关系之间的资源技能以及能力的质量和数量，这也是集团内部关系深化的一种表现。

3. 约束性的组织机制

组织机制是职教集团实现持续发展的推动力，是各方主体为实现共同利益的行动准则，是对伙伴关系利益的一种分配和协调。职教集团的组织机制具体包含外部保障和内部环境两大部分。

（1）职业院校的外部保障。

职业院校的外部保障主要是指能够影响职业院校生存和发展的一切社会外在因素，其中包括竞争环境、社会支持、社会需求、价值观念等。外部环境会对职业院校造成一定的影响，如影响职业院校的社会舆论、政府投入、资源配置等。外部环境的保障不仅可以为职业院校谋求更宽广的生存和发展空间，还能确保其在政策上获得相应的支持和保障。

政府及其政策保障即为主要的外部环境，在职教集团中，政府扮演着多种角色，如成员、主办方、赞助者、推动者等，其在职教集团中具有一定的权威性，可以为社会伙伴关系的运作制定相关的政策框架，为社会伙伴关系创建良好的政策环境。但不可否认的是，社会关系有时也相对较为脆弱和不稳定，尤其是在公共资金较为有限且流动性大时，社会伙伴关系往往过于依赖政府的认可。政府的政策对外部环境的影响直接且迅速，社会伙伴关系会深受其影响。社会伙伴关系相关性政策是政府以及教育行政部门为了促进职业教育发展以及协调多元主体之间关系，实现合理配置各方资源的一种有效手段。虽然职教集团的社会伙伴关系建立在多元主体共同的利益追求上，但是若只依靠彼此的相互作用力是远远不够的，所以还需要政府从旁支持。

（2）职业院校的内部环境。

职业院校的内部环境是指职教集团为维持伙伴关系所制定的合作契约、行为规范、集团章程和组织架构等。职教集团的内部管理制度是使社会伙伴关系得以持续有效协调并形成内部激励的重要策略，这些管理制度主要包括师资管理及评价制度、职教集团资金投入及管理制度、职教集团人才培养方案、职教集团权责规定、职教集团学生质量评价体系、职教集团合作教学编写制度和职教集团教学管理规定等。在内部环境中，一切管理制度的实施必须坚持共同治理原则，必须以公平、问责制、所有权的伙伴关系实现共同决策。

第二节　产教融合下实训基地的平台建设——以建筑类特色专业为例

随着建筑行业信息化发展，以 BIM 技术为核心，以云技术、大数据、物联网、移动应用、人工智能为代表的新一代信息技术给建筑行业带来了巨大的变化和挑战，建筑信息化的范畴从过去的二维图纸进化到三维模型、从管理系统延伸到现场感知、从流程管理提升到数据采集。建筑行业信息化水平将着力增强 BIM、大数据、智能化、移动通信、云计算、物联网等信息技术集成应用能力，从而使数字化、网络化、智能化取得突破性进展。随着建筑行业对信息化建设的不断深入，信息化建设越来越趋向具体工程项目的落地应用，即通过信息技术的集成应用改变传统管理方式，实现传统施工模式的变革，使施工现场更智慧。行业变革的背后需要新型人才，教育是人才输出的高地，教育的变革需要与社会和行业的变革同步。建筑行业需要新型人才，新时代的建筑教育需要新的方向。

一、基于现代工程教育理念，建设一流 BIM 仿真实训中心

（一）CDIO 及“教学工厂”理念的启示

1. CDIO 工程教育理念

什么是 CDIO？CDIO 代表构思（Conceive）、设计（Design）、实现（Implement）、运作（Operate）。CDIO 工程教育理念是“做中学”原则和“基于项目的教育和学习”的集中体现。它是现代工业产品从构思、研发到运行改良乃至终结废弃的生命全过程。CDIO 工程教育理念就是要以此全过程为载体，培养学生的工程能力，包括个人的学术知识、学生的终身学习能力、团队的交流能力和大系统掌控能力。

CDIO 的基本内容包括：1 个愿景；1 个大纲——对学生 4 个层面的能力要求；12 条标准——对是否实践 CDIO 教学理念的判定标准；5 条指引——对培养计划、课程结构、教学方法、教学评估和学习构架的指引。

（1）1 个愿景。

学校的任务是培养有专业技能、社会意识和企业家敏锐性的工程师，这是能在越来越依赖于复杂技术系统的环境中，保持高效、创新和卓越所必需的。

（2）1 个大纲。

1 层——技术：复杂的工程系统；2 层——个人：有成熟思维的个体；3 层——团队交流：基于工程环境的现代团队；4 层——CDIO：构思—设计—实现—运作。

（3）12 条标准。

CDIO 关联规则；教学目标结果；综合性课程计划；工程概论；设计制作经验；CDIO 学生实践场；综合性学习经验；主动学习；教师 CDIO 能力；增强教师的教学技能；CDIO 技能评估；CDIO 项目评估。

（4）5 条指引。

培训计划——设置丰富的实践项目，并辅以工业实习，使计划具有活泼的、实践的、团队的特色；课程结构——基础科目和高级科目；教学方法——增加主动学习和动手实践，增强概念学习，加强学习反馈机制；学习评估——建立更完整可靠的评价系统；学习构架——建立教学计划、教学方法和学生评估体系相协调的学习构架，并辅以现代学习和实践的环境。

总之，应用层面的 CDIO 创造实用的工程产品与科学技术，课程的经验就是一种工程产品，培养校园内的工程文化。工具层面的 CDIO 是使用工程系统的方法论来引导学生的知识扩张过程。CDIO 是工程文化教育的一种先进理念，是一个资源开放、宽松自由、包容性强的改革计划。CDIO 计划并没有一个适合各专业教学的标准，引进 CDIO 必须根据不同的专业来顺应专业要求，重新设计。

2. NYP“教学工厂”理念

NYP“教学工厂”中，在教学环境内营造企业的实践环境，并将两者紧密结合，项目是不可或缺的重要环节。

（1）“教学工厂”理念。

将实际企业环境引入教学环境之中，并将两者融合在一起；企业和研发项目是“教学工厂”里不可缺少的一个重要环节；它使学生能将所学到的知识和技能应用于多元化、多层次的工程环境里；由模拟到模仿再到融合；“教学工厂”是以学校为本位，而不是以企业为本位；它是在现有的教学体系（包括理论课、辅导课、实验课和项目）的基础上设立的；“教学工厂”不是“三明治”课程安排，不是“双元制”课程安排；其不仅是企业实习，还是企业项目。

（2）“教学工厂”目的。

为学生提供一个更完善和有效的学习环境和过程；鼓励和开发学生的创新能力和团队精神，以及提高他们解决实际问题的能力；确保有关培训课程与企业需求挂钩，与时俱进；为学院能力开发和教职人员培训提供重要途径；促进学院和企业的紧密联系。

（3）“教学工厂”发展模式。

“教学工厂”是卓越办学的主要手段；它不具备固定模式，会随着学院的成长和发展而与时俱进；学院能力基础的强化将促进‘教学工厂”模式的提升，并加深教学与企业环境相结合。

总之，NYP“教学工厂”理念就是在教学环境内营造企业的实践环境，并将两者紧密结合，项目是不可缺少的环节。NYP 通过实施“教学工厂”教学理念，给予学生真实的企业学习和训练环境，使毕业生能够尽快适应实际工作岗位的需求，缩短了现代企业人才需求与职业学校教学之间的距离，使理论教学与实践教学有机结合，达到培养学生实践技能、提高学生职业素质的目的。

3. 问题与启示

通过以上针对 CDIO 工程教育理念与 NYP “教学工厂”理念的总结与反思可以看出，两者的共同点在于：基于校企深度合作，将实际企业环境引入教学环境之中，并将两者融合在一起。具体体现如下。

（1）CDIO 学生实践场。

①CDIO 工程教育理念 12 条标准之“CDIO 学生实践场”：实践场所和其他学习环境怎样支持学生动手和直接经验的学习？学生有多大机会在现代工程软件和实验室内，发展其从事产品、过程和系统建构的知识、能力和态度？实践场所是否以学生为中心，方便、易进入、并易于交流？

②CDIO 学生实践场规定 CDIO 学生实践场的基本目标：学生实践场提供产品和系统建设、学科知识和社会学习的平台，并指出学生实践场包括传统的学习场所，如教室、演讲厅和会议室及工程工作与实验室。学生实践场和实验室将有利于学生的产品和系统制造技能的学习以及学科专业知识的学习。学生实践场强调自发及直接参与学习，提供互相学习和交流的机会。建造新的学生实践场，或者重新规划现有的实验室，将取决于课程规模的大小和学校的资源。

③CDIO 学生实践场的基本原理：在设计、制造和测试的产品与系统学习的过程中，学生实践场和其他学习环境乃是基本的学习资源。学生可以利用现代工程工具、软件和实验室来发展知识，开发技能，以及增强产品和系统建设的能力。学生的这些技能可以在学生实践场最大限度地开发出来，因为学生实践场是以学生为中心，方便学生进入、使用及互动的场所。

④CDIO 学生实践场的鉴定标准：足够的空间，并配备现代化的工程工具，以学生为中心，方便学生进入、使用及互动的学生实践场。院、系的管理层，教师和学生具有较高满意度的学生实践场。学生所向往的学习空间 个人共同空间、项目会议空间、实践空间、教学空间、探索空间等。

（2）NYP 工程系“教学工厂”的四个阶段。

阶段一：和企业开展伙伴关系，模拟企业环境（仪器和设施、教学设置和布局、学生项目工作）。阶段二：全年不间断的学生项目安排，教职员为项目工程师和导师；“教学工厂”项目平台（TFPP）。阶段三：系统能力开发；“教学工厂”项目平台（TFPP）——学院能力开发和教职员专业培训的重要途径；经验积累和分享（AES）。阶段四：全面的系统整合——专业科技中心；无界化的合作。

下面，以某校建筑类专业群实践教学条件建设为例，基于 CDIO 及 NYP “教学工厂”理念，谈谈校企合作推进 BIM 仿真实训中心建设的工作。

（二）校企合作建设 BIM 仿真实训中心

1. 我国建筑行业背景及学院现有建设基础

建筑业提出“智慧建造”。“智慧建造”过程就是“4MC”，即 BIM（建筑信息模型）、PM（项目管理）、DM（数据管理与服务）、Mobile（移动应用与物联网技术）、Cloud（云技术）。建筑信息模型是以建筑工程项目的各项相关信息数据作为模型的基础，进行建筑模型的构建，通过数字信息仿真模拟建筑物所具有的真实信息。它具有可视化（即“三维化、所见所得”）、协调性（解决各专业、部位、构件、设施之间的碰撞问题）、模拟性［节能、紧急疏散、日照、热能传导、4D（三维模型加项目的发展时间）、5D 模拟（基于 3D 模型的造价控制）、地震人员逃生及消防人员疏散模拟等］、优化性（项目方案、特殊项目的设计优化）和可出图性［综合管线图（经过碰撞检查和设计修改，消除了相应错误以后）、综合结构留洞图（预埋套管图）、碰撞检查侦错报告和建议改进方案］五大特点。建筑信息模型可以用来展示整个建筑生命周期，包括兴建过程及运营过程。提取建筑内材料的信息十分方便，建筑内各个部分、各个系统都可以呈现出来。除建筑工程领域外，BIM 技术可推广应用于道桥工程、铁道工程、城市轨道等专业领域之中。

2. 校企合作共建 BIM 仿真实训中心

为了探索全面、高效的校企合作模式，共同培养建筑专业人才，共同拓展建筑相关市场，学校按照 CDIO 学生实践场及 NYP 工程系“教学工厂”四个阶段的建设标准与发展要求，校企合作分三期共建了 BIM 仿真实训中心。

BIM 仿真实训中心包括 BIM 实训室、仿真实训室、BIM 创新创业工作室、BIM VR 实训室、BIM 创客工作室、工程管理实训室和建筑装饰设计实训室七个实训室。

二、依托 BIM 仿真实训中心，打造 BIM 技术技能实训平台

BIM 仿真实训中心可以满足日常 BIM 系列实践课程开设的要求，实现 BIM 创新应用型技术技能人才培养目标集教学、实训、科研和社会服务一体化的平台。

（一）建设思路

BIM 技术数字化实训平台以真实 BIM 工程案例为基础，指导学生在项目全过程中模拟参与各方进行基于 BIM 的工程综合集中管理与应用，辅助学生理解 BIM 规范的制定、管理体系的建立以及多个参与方的 BIM 应用管控技巧，为学生整体理解 BIM 技术在工程项

目中的应用提供了一个交互的环境。建筑类相关专业 BIM 能力的培养需要有针对性地制定一系列的实训课程，该系列实训课程需要基于一体化实训的理念，基于同一个 BIM 工程案例，可实现 BIM 技术在建筑工程全生命期的应用。能够实现培养学生基于 BIM 的协同设计能力、建模及识图能力、施工管理能力、计量计价能力、施工组织能力、招标投标能力和施工阶段项目管理能力。同时，一体化实训课程需要配套相应的教学所需的教材、教学 PPT、相关的资料等内容，方便教学使用。一个工程，N 门课程，围绕一个项目将工程建设过程的内容进行设计，重点在于方法学习；每一门课程均与现有的理论课程相结合，是理论课程的有益补充，课程内容的设计是以工作中实际的业务为主线，进行任务划分，让学生通过体验，做中学、学中做。

BIM 技术数字化实训平台以合理化的智慧建造全寿命周期典型工作任务，开发相应学习领域，形成了专业基础课理实一体化、专业核心课工学交替化、专业拓展课校企合作化、专业选修课项目驱动化四种教学实施方法。

基于工程项目，根据建设周期各阶段、BIM 业务内容，同时结合高校开设的专业课程，进行一体化课程设计；每一门实训课程均可对应理论课程，是理论课程的有益补充，课程内容的设计是以工作中实际的业务为主线，进行任务划分，让学生做中学、学中做；以实际项目业务案例为主线，通过任务驱动和团队实战的方式来提高授课效率；整个体系的设计遵循螺旋式教学，由单项技能到综合技能，前一技能可作为提高后阶段技能的前提或基础；根据本专业人才培养方案，以实际项目为实训案例，开展基于 BIM 的一体化实训，培养学生的 BIM 综合应用能力。

（二）构建基于 BIM 技术数字化实训平台

BIM 技术数字化实训平台是以 BIM 技术应用为核心，以建设工程领域中的前沿信息化技术（云、大数据、物联网、移动应用、人工智能）为支撑，融合虚拟仿真（AR）、虚拟现实（VR）等技术手段，围绕建筑工程中的全过程、全参与方、全要素开展多专业具有一定挑战度的创新型综合教学解决方案。方案围绕认知类学习、知识类学习、技能类学习和综合技能实践四个阶段开展教学。BIM 技术数字化实训平台是现代信息技术与教育教学的深度融合，能够有效助力高校转型、提升师资队伍建设、搭建高层次人才能力培养平台。

BIM 技术数字化实训平台以实际项目案例开展基于 BIM 的一体化实训。通过完备的教学体系架构帮助教师轻松完成在实训环节的背、教、练、考、评工作；能够实现培养学生基于 BIM 的协同设计能力、建模及识图能力、施工管理能力、计量计价能力、施工组织设计能力、招标投标能力、施工阶段项目管理能力。

建筑类高校需结合专业特点，以“校企深度合作、项目驱动、工学结合、竞赛引领、产教融合”的方式进行教学深化改革，提高学生的 BIM 创新应用能力，借助 BIM 创新实践教学和科研平台来提升“双师型”师资队伍建设，提高创新应用型人才培养质量。具体落地到专业上，表现为专业建设和基于 BIM 的各建筑类相关专业的人才培养方案修订，以及配套 BIM 综合实训基地的建立。

随着 BIM 技术的逐步推进，企业开始不断培养 BIM 人才，也在努力吸纳社会上的优秀 BIM 人才，力图打造企业自有的 BIM 团队。但一项新技术、新工具的引进和推广，尤其当与传统的思维观念、工作方式产生较大甚至颠覆性冲击的时候，将其真正地用于实践并非易事。BIM 人才培养也是各大企业 BIM 技术落地实施的关键，特别是 BIM 专业应用人才的培养。

BIM 专业技术技能人才的能力由工程能力和 BIM 能力两部分构成。其中，工程能力可以按照工程项目生命周期的主要阶段分成设计阶段、施工阶段和运维阶段三种类型，每一个阶段需要完成的工作又可以分成不同的专业或分工。如设计阶段可分成建筑、结构、设备、电气设计等；施工阶段可分成土建施工、机电安装、施工计划、造价控制等；运维阶段可分成空间管理、资产管理、设备维护等。

（三）BIM 技术数字化实训平台作用凸显

1. 提升院校整体质量

通过 BIM 创新实践教学体系的建立，促进院校深化教学改革、提升服务能力、提升办学质量，提高学生就业率。

2. 建设示范基地，打造优质院校

通过搭建 BIM 创新实践教学平台，推行产教融合、校企合作的人才培养模式，推动专业设置、课程内容、教学方式与生产实践对接，建设具有特色的 BIM 创新实践教学示范基地，打造优质院校，在全国或区域内树立标杆形象。

3. 增强“双师型”队伍建设

加强专业教师理论实践一体化教学能力、专业操作能力、技术服务和咨询能力、实训设备改造和开发能力、专业建设和开发能力、项目课程和教材开发能力六个方面的能力培养。

4. 提高教学与科研水平

以专业建设和创建校级精品课程等为契机，采用三维模式、互动式、案例式、任务驱动式等多元化和复合式的教学方式方法，开展“BIM+技术”的教学与科研课题研究。

5. 增强学生创新实践应用能力

组建 BIM 学生社团，社团围绕本专业内容，在本校范围内自发开展经验交流、校内竞赛、主题讲座等活动。提高学生自主学习能力和创新能力，使学生具备运用 BIM 信息化技术辅助解决建筑工程相关专业问题的能力，成为 BIM 创新应用型和技术技能型复合人才。

第三节　产教融合下建筑实训基地建设方案优化

建筑业产值的增长和计价体系一体化的融合都需要大量的具有创新能力的建筑专业人才，推进以企业为主体、市场为导向、产学研相结合的技术创新体系建设是各高职院校改革创新的热点。

培养学生的创新意识和实践能力，鼓励学生积极投身创新实践活动，以良好的精神风貌和科学素养畅想当代大学生的中国梦，学生科技文化作品评选活动在各职业院校建筑专业中广泛开展，科技文化作品制作场地大多在建筑专业的实训基地中。

优化实训基地建设方案，使校内实训基地具有实践教学、职业技能培训、技能竞赛和社会服务等职能，融产、学、研于一体，同时满足其他相近专业的实践教学；完善已有的工程造价测算实训室、工程测量实训室和识图算量实训室，重点建设建筑模型实训室、工程实训室和施工技术实训室，因此在原有的实训基地建设方案的基础上，提升学生科技创新能力显得尤为重要。

一、原实训基地建设方案重点在于知识目标培养

建筑工程综合实训基地包括综合实训厂房和建筑模型两部分。综合实训厂房建筑面积3300平方米，配备测量实训室、材料检测实训室、力学实训室、土工实训室和绘图室及加工区；建筑模型采用1：1实体比例建造，整合了砖混结构、框架结构、剪力墙结构、钢结构和基坑支护等不同结构类型，包含基础工程、主体工程、屋面工程和装饰装修工程及水电暖通工程等不同分部分项工程。还可以作为学生活动场地，例如安排职业院校学生进行科技文化作品展。以“创新推动发展”为主题，注重对高新科技、能源和环保等社会热点问题的思考，以科技文化作为建筑灵感，利用实训基地的模拟现场区域，创作具有创新性、新颖性和实际应用价值的科技文化作品。

实训基地建成投入使用后，可以满足《建筑识图与制图》《建筑构造》《安装工程识图》《建筑材料》《平法识图与钢筋计算》《建筑施工技术》《建筑力学》《建筑结构》及《工程认识实习》等课程的实践教学需要，能同时容纳500余名学生进行实习实训，实践教学条件将得到极大提升，教学效果得以保障。

二、在培养学生科技创新能力方面进行论证

学生科技创新能力提高体现出时代感，是科学、技术和人文的融合，也是加强科学精神、科学思想、科学知识和科学方法的综合教育。实训厂房的建设面向本校全体在校师生，提供师生参与科技创新和展示动手能力的平台，提升师生的科学文化素养和综合能

力。实训厂房在职业教育下体现创新性。原工程造价测算实训室、工程测量实训室和识图算量实训室在原有面积上进行扩大，增加的区域用于模拟企业运营。重视投入造价测算实训室的设备及软件的更新与升级工作，使之与现代建筑业发展相适应。

（一）方案优化比对

为满足学生实验仪器使用需求，增加工程测量实训室各仪器数量，使学生在测量实训中有更多的操作练习机会。

1. 实训厂房备选方案

方案一：将所有实训教室连带建筑模型全部放进新建厂房，作为一个综合实训基地使用，便于实训室的统一管理。

方案二：将建筑专业所有教室和办公室整体搬迁至实训厂房，这样可以缓解主教学楼拥挤的状态。大家就这两个方案进行了初步的讨论。

2. 方案选择

鉴于以下三个方面，选择方案二建立一个综合实训基地。

（1）卫生间的设置。

如果将卫生间独立设置在厂房外面，一旦遇到雨雪天气，会给师生带来很大的不便。

（2）教室隔音效果。

因为是教室整体搬迁，教室密度比较大，由于受厂房墙体材料的限制，教室隔音效果难以保证。

（3）厂房隔墙材料的影响。

厂房内部会存在冬暖夏热的情况，不利于办公和教学。

（二）细化方案

继续细化方案，将提升学生科技创新能力作为优化目标。按照讨论的方案——实训教室布置安排，加大学生在实训中的可操作机会。并模拟企业运营，使学生以岗位为工作导向，激发学生的科技创造力。此次优化重点在于细化实训室的排布，排布方案结合课堂教学以及学生科技文化作品展的需要。通过一系列的模型制作过程，锻炼学生绘制 CAD 图纸的能力，拓宽学生就业渠道，有了实训场地，学生能够更加科学严谨地制作建筑模型，更好地贯彻施工现场按图施工的工作理念。其中科技文化作品展要求各系、部作品数量不应过多，要少而精，技术超前，同系、部内作品不得重复，应当能够与校园文化建设相结合，展会之后参展作品力争能够留在校园，用作展示或辅助教学。

新建厂房设置实训室和建筑模型，由于模型面积已经固定，剩下就是安排其余实训场地。建筑模型边上预留 200 平方米的展示区，一部分作为建筑模型之外节点的展示，另一部分作为建筑材料的展示区；测量实训室 100 平方米；材料检测实训室 200 平方米；4 个大屏教室，每个 100 平方米；绘图教室 2 个，每个 150 平方米。厂房内部设男女厕所，厕所容量按同时 400 人上课考虑。加工工位按 4 人一组，每组一个工位，每个工位按面积 18 平方米计；设置现场办公区，模拟现场办公环境，需要设置项目经理室、总工室、安全部、资料室、技术质量部和总监办公室等 8 间；设置现场讲解区一个，100 平方米左右。

按照这样的排布，可以将行业中的主流技术作为知识与技能的载体，让学生通过对典型工作的任务、所用的知识、所需的能力以及环境的整体化感悟和系统组合，实现知识与技能、过程与方法、情感态度与价值观学习的统一，激发创造力，从而提升学生的科技创新能力。

三、建筑实训基地建设方案

重点建设建筑模型实训室、工程实训室和施工技术实训室，实训室建成后可以为《建筑工程识图与房屋构造》《工程认识实习》《建筑力学与结构》《建筑材料》《工程合同管理与招投标实训》和《施工技术与组织》等专业课程教学实训提供方便，边播放图纸，边展示模型，给人图纸和实物一一对照的感觉，既能体现模型的美观协调，又能充分展示模型内部布局，教学效果明显。同时，对相近专业建筑工程技术和工程监理专业教学实训提供较大帮助。其优化内容如下。

表 4-1　建筑模型实训室

序号	实训室名称	场地面积	实训室功能
1	砖混结构展示实体模型	65 m^2	建筑模型实训室拟建成一个理实一体的实训室，四个模型的建成，使学生更直观地了解建筑构造组成、构造原理和构造方法，满足《建筑工程识图与房屋构造》《建筑材料》《工程认识实习》《建筑力学与结构》《施工技术与组织》等课程的实践教学
2	框架-剪力墙结构展示实体模型	80 m^2	
3	轻型钢单层厂房实体模型	80 m^2	
4	钢结构建筑物展示实体模型	80 m^2	
5	电子白板	无	

砖混结构展示室、框架—剪力墙结构展示厅、轻型钢单层厂展示房和钢结构建筑物展示厅全部配置电子白板，建筑模型实训室拟建成一个理实一体的实训室，四个模型的建成，使学生更直观地了解建筑构造组成、构造原理和构造方法，满足《建筑工程识图与房屋构造》《建筑材料》《工程认识实习》《建筑力学与结构》《施工技术与组织》等课程的实践教学。

表 4-2　工程实训室

序号	建设内容	实训功能
1	三维建筑设计软件	采用全新 BIM（建筑信息模型）技术的建筑软件 APM，实现三维可视化，集三维建筑方案和二维平、立、剖、详图、总平面施工图于一体。满足《建筑工程识图与房屋构造》课程实训教学
2	招投标教学模拟实训软件	1. 标书制作：模拟编制招标文件、投标文件和评标全过程。 2. 网络计划：可快捷方便地直接绘制单代号网络图、双代号网络图和横道图，同时提供三种图形之间的自由切换，能够快速生成投标、施工阶段所需的各种进度计划图。满足《工程合同管理与招投标实训》和《施工技术与组织》课程实训教学
3	PKPM 设计软件	钢筋混凝土基本构件设计计算、钢筋混凝土框排架及连续梁结构计算与施工图绘制、楼梯计算机辅助设计和剪力墙结构计算机辅助设计。满足《建筑力学与结构》课程实训教学
4	教学模拟与实训软件	提供施工组织设计、施工专项方案编制、技术交底及工程资料填写所需的大量施工详图、大样图、构造图及 98J 全套图集。为《建筑工程识图与房屋构造》《工程合同管理与招投标实训》《工程建设定额与预算》和《平法识图与钢筋计算》实训课程提供方案图库
5	电脑及大屏投影	电脑 61 台、投影仪 1 个、大屏幕 1 个

工程实训室采用全新 BIM（建筑信息模型）技术的建筑软件 APM，实现三维可视化，集三维建筑方案和二维平、立、剖、详图、总平面施工图于一体；满足《建筑工程识图与房屋构造》课程实训教学。还可模拟编制招标文件、投标文件和评标全过程；还可绘制网络计划，同时提供三种图形之间的自由切换，能够快速生成投标、施工阶段所需的各种进度计划图，满足《工程合同管理与招投标实训》和《施工技术与组织》课程实训教学。

钢筋混凝土基本构件设计计算、钢筋混凝土框排架及连续梁结构计算与施工图绘制、楼梯计算机辅助设计、剪力墙结构计算机辅助设计，满足《建筑力学与结构》课程实训教学。提供施工组织设计、施工专项方案编制、技术交底及工程资料填写所需的大量施工详图、大样图、构造图及 98J 全套图集，为《建筑工程识图与房屋构造》《工程合同管理与招投标实训》《工程建设定额与预算》和《平法识图与钢筋计算》实训课程提供方案图库。

表 4-3　施工技术实训室

序号	分部名称	模块名称	实训室功能
1	桩基工程施工工艺	预制管桩施工；钻孔灌注桩施工；人工挖空桩施工	施工技术实训室拟建成一个理实一体的实训室，实训室安装一套实训操作体验平台，采用三维可视化控制技术，模拟施工机具、作业条件、施工流程、施工要点和质量标准，通过教师理论知识的讲解，学生可以通过人机互动，完成每项施工工艺过程，实训室的建成可以更好地满足《施工技术与组织》课程的实践教学
2	基础施工工艺	土方开挖；基坑支护；地基处理和基础	
3	砌体结构工程施工工艺	毛石基础工程；基础、墙、柱、梁；填充墙；承重墙；女儿墙	
4	混凝土结构工程施工工艺	模板工程；钢筋工程；混凝土浇筑施工；预应力混凝土施工；混凝土构件安装	
5	钢结构施工工艺	钢柱制作与安装；钢吊车梁的制作与安装；钢屋架制作与安装；网架与桁架结构制作与安装；结构连接	
6	楼地面工程施工工艺	水泥砂浆地面；自流平地面；地砖类地面	
7	测量放样工艺	水准仪操作；经纬仪操作；全站仪操作	
8	电脑及大屏投影	电脑 61 台、投影仪 1 个、大屏幕 1 个	

施工技术实训室拟建成一个理实一体的实训室，实训室安装一套实训操作体验平台，采用三维可视化控制技术，模拟施工机具、作业条件、施工流程、施工要点和质量标准，通过教师理论知识的讲解，学生可以通过人机互动，完成每项施工工艺过程，实训室的建成可以更好地满足《施工技术与组织》课程的实践教学。

第五章　产教融合下实训基地的运行机制与治理路径

第一节　产教融合下实训基地的运行机制

一、以人才服务为导向的协同运行机制

（一）人才服务：基于互利原则的校企协同机制的主要运行方式

职业院校以技术技能人才培养为己任。然而，技术技能人才的培养相对于其他类型人才的培养，有一个重要特征是必须借助校企合作这一主要途径予以实现。职业教育以就业为导向，技术技能人才直接对口向企业输出。企业期待就职员工能够达到无缝对接，最希望省去再培训和重新适应的环节。作为生产性部门，多数企业特别是中小型企业不愿分出精力去承担企业员工的教育和培训问题，更期望这一环节在员工的就学期间解决。因此，职业院校保持与企业良好的沟通和合作就显得尤为重要。职业院校可以借助“基地+联盟”这一平台更好地实现校企合作，以平台来吸引企业主动参与学校的技术技能人才培养，参与专业建设、课程教学及其毕业生的实习实训工作。企业的目标是盈利，作为链接职业院校与企业的“基地+联盟”平台，若想获得企业的青睐，让广大的企业群体踊跃地加入这一平台，其前提是企业能够通过这一平台获得利益。通过“基地+联盟”平台，企业最为看重的是职业院校能否提供企业发展所需的人才，甚至能够直接针对企业的特殊岗位订单式培养人才。其次是针对已有员工的继续教育和技能再提升的问题，企业希望通过平台提供切实的培训和教育，能够提高员工的素质、技能，并能通过员工的再教育过程直接提升企业的生产力。如果企业觉得这个平台能够满足其需求，达到其预期成效，职业院校再以此去谋求相应的合作事宜就显得顺畅得多。

因此，校企合作的症结从来不是校企无法实现对接的问题，而是一切的校企合作事宜是否能使在学校获得实惠的同时，也能给企业带来直接利益的问题。可见，校企合作问题其实就是一个互惠互利的问题。

“基地+联盟”的优势就在于这一平台蕴藏着丰富的技术技能人才资源，既能直接满足企业的用人需求，也能借助学校的师资力量及基地的设备条件，满足企业员工的在职培

训需求。“基地+联盟”的运作采取的方式就是一方面为联盟企业优先提供优秀的毕业生资源，另一方面通过搭建平台满足培训需求。而企业的回报方式是优先录用学校的毕业生，优先提供实习实训机会，解决学生的就业问题，并通过资金捐赠或无偿提供相应设施等方式，与学校开展合作共建。

（二）双向贯通：以人才服务为导向的协同运行机制的主要内容

1. 从会员单位到“基地+联盟”：合作与共建

（1）毕业生优先政策。

企业参与职业教育的动力源自自身获益。企业并非具备天然的公益性和慈善性，其以获利为本质的运作方式决定了企业的任何决策行为背后都依靠着获益的本性。校企合作若需长效推进，建立企业的获益机制是其中的必行之路。“基地+联盟”作为一个对外服务的窗口、校企合作的桥梁，其对企业需求的把握是准确的。职业院校能够提供给企业最直接的资源是毕业生，因此，在毕业生的问题上做文章是可行的。“基地+联盟”与关联企业的契约之一是在毕业生就业问题上的互利机制。

一方面，“基地+联盟”利用自身的培训和实训优势，优先为联盟企业和基地成员单位培训员工，并建立毕业生推荐机制，优先向这些企业推荐优秀毕业生。联盟企业中大部分是中、小企业，在学生的招聘，特别是适切性人才、优秀技术技能人才的引进方面并不易。学校通过“推荐制”制造一种氛围，将优秀的毕业生直接推荐至联盟企业，联盟企业的回应是为这些特别推荐的学生启动“储备干部”培养机制，让优秀毕业生在就业前期就有了很好的职业预期。

另一方面，“基地+联盟”的参会企业优先为学校学生提供顶岗实习机会，优先接收毕业生就业。甚至有诸多的联盟会员企业直接提出要成为学校的实习就业基地的意愿。如当初筹建绍兴市职业培训联盟的时候，主要目的是利用绍兴市公共实训基地这一平台将培训资源最大化，达到整合和规范绍兴市职业培训市场的目的。其实就学校方面而言，还暗藏就业的长远规划，就是希望借助学校与联盟企业的交流与合作，为学生就业打开一扇大门。从这几年的运作来看，这一战略预期已经初显成效。

（2）实训室共建。

在利益之外，现在的企业也越来越注重企业形象的塑造。企业形象的塑造一方面是现在时态的，即当前普遍采取的企业参与公益事业来赢取良好社会声誉的方式；另一方面是未来时态的，即争取这个社会的未来精英及其未来的生产骨干。就企业与学校共建实训室的形式而言，其一，作为一种较为恒久的打响企业品牌的方式，以企业名字命名的实训室将成为学生认知企业品牌的一种强有力途径；其二，学生在实训期间通过与某一企业的生产产品和生产工具、设备的频繁接触，能加深对产品、工具、设备的理解和认知，有利于产品的推广、工具和设备的广泛应用，这也是企业潜在的市场所在。有战略眼光的企业家自然会捕捉到这一战略机遇，开始主动寻求机会，也乐于参与职业院校的教学，通过共建实训室等方式与学校合作。“基地+联盟”利用其平台声誉，为企业和学校创造条件，提供合作机制和平台。

（3）教师到企业锻炼。

“唯新”是一个健康企业的不懈追求，包括不断采用新技术，不断研发新产品，不断开拓新市场，而这一切的根源是不断有新鲜的血液进入企业的人才队伍。因此，从这一逻辑出发，企业应该是非常欢迎学校教师到企业锻炼的。因为来自另外一个情境中的拥有高科技含量和全新理念的教师进驻企业，对于企业原有格局的冲击和氛围的营造是可预期的。不过，职业院校教师到企业锻炼却一直饱受诟病，存在的问题不乏企业不热情、锻炼走形式、参与不了核心研发和生产工作。

何以如此？也许可以从信息不对称的角度来重新审视这一问题。一方面，教师久居“象牙塔”，贸然跑去生产一线，带来的是完全的不适应。职业院校教师更多毕业于综合性高等院校，具有较为丰富的理论知识而缺乏必要的实践知识和技能，到企业锻炼时因为对企业的生产经营完全陌生而难有用武之地。另一方面，企业也饱受“挂职锻炼”等镀金式做法之害，首先就带着教师到企业锻炼的形式主义观感来看待到企业锻炼的教师，自然不会热情地配合。一个很简单的逻辑：如果企业认为教师到企业锻炼的行为本身并不能让企业有所获益，企业自然不愿浪费人力、物力、财力去做这种无益的事情。

而“基地+联盟”这一平台的搭建，让这种信息不对称性有所改变。其一，联盟企业与“基地+联盟”的密切联系，让双方的充分了解成为可能；其二，“基地+联盟”本就是一个从学校到企业的渠道的贯通，企业与学校之间赖以建立的基础就是互利互惠关系，这一点让联盟企业能够充分认识到学校教师到企业锻炼可能对企业带来的好处，因此也乐于接受教师来企业参与一线工作。

2. 从“基地+联盟”到会员单位：平台搭建与服务优先

（1）为会员单位职工学历技能培训搭建服务与培训平台。

作为一个社会性的、公共性的组织，“基地+联盟”要做的工作是运用实训基地的实训硬件基础及职业培训联盟的技能培训软件，为联盟企业成员和社会群体提供高水平的技能培训。首先，在社会职业不断专业化的今天，很多职业都设置了准入门槛——职业资格证书。职业资格证书的考证人员一般散落在各个企业、单位中，社会考证培训机构因其营利性，且受师资水平的限制，本身并不被充分信赖，急需一个具备官方背景且具有公益性质的机构提供良好条件来满足考证需求。与职业资格证书关联的相关管理部门本身不具备此类的培训资质，且精力不济，不可能满足这些社会需求。而“基地+联盟”正好填补了这一空白。

（2）为会员学校、培训机构教师实践能力提升提供各种培训服务。

教师技术技能水平的提升一直是当地中等职业学校和各类培训机构面临的一大难题，以往的教师培训都是组织教师整体或零散的个体奔赴各地参与远程专业培训。这种方式一是难以常态化，往往是有机会就去，缺少系统的安排，教师的实践能力并不能得到全面的提升；二是成本过高，往往派一位教师出去培训一周，时间和精力耗费巨大，成本和收益之间难以对等，导致一些学校一般不愿意频繁地组织相应的培训。

（3）通过对接为会员单位提供优秀技术技能人才。

“基地+联盟”搭建平台服务会员单位是其本职所在，而会员单位的反哺和呼应过程才是“基地+联盟”运作效应的派生功能。本职功能是派生功能的基础，且派生功能的长效机制有赖于本职功能的工作质量和成效在企业身上的可感知性。作为“基地+联盟”的运作方，出于自利的本性自然更看重派生功能产生的效果，似乎认为派生功能的最大化才是“基地+联盟”运作效应的真正体现。其实，这是本末倒置的做法。因为就会员企业而言，他们本身并不太看重这些，他们更看重的是“基地+联盟”通过其硬件设施和软件条件给出企业所期待的内容。因此，“基地+联盟”需要重点打造的并非“长袖善舞”的外联功夫，而是脚踏实地的“内练手段”。“基地+联盟”不断提高自身的实训基础及其技能培训水平，为企业提供更多更优秀的技术技能人才，为企业在技术技能人才的继续教育和能力提升方面产生实质效果，在实训和培训水平两个方面做到不可替代性，才是真正彰显“基地+联盟”在人才服务机制方面的价值所在。如以职业培训联盟为例，该平台的搭建加强了培训机构和企业的交流，使得在培养技术技能人才方面更具针对性、实用性、有效性。通过政府的参与，提高了联盟会员在技术技能人才培养方面的主动性和积极性。

二、以技术服务为手段的协同运行机制

（一）服务地方产业转型升级：职业院校技术服务的价值所在

职业院校在发展过程中，在科研问题上一直寻找不到自己合适的位置。对于职业院校是否要搞科研的争论，反对者基于狭义科研的定义，即将科研框定在高深的学术研究和理论创新的范畴内，认为职业院校妄议科研是随波逐流，而应着力于人才培养及其教学研究；支持者基于广义科研的定义，将应用研究与技术创新纳入科研的范畴，认为科研并非高不可攀，职业院校基于与产业和企业的密切合作，在应用研究和技术创新方面大有可为。这一次大讨论的积极意义在于，推动职业院校寻找到自己在科研方面的准确定位，即技术积累与创新。

依循常理，从狭义的科研概念，即学术研究来说，职业院校似乎找不到自己的位置。因为学术研究的主导方肯定是研究型高校，而不是职业院校。但是职业院校自身有区别于普通高校的科研优势，也有一定的科研积累，有一批逐渐成长和壮大起来的科研队伍，假

如无科研需求，则这一批科研资源等于浪费。但是在哪些地方发力、在哪些方面能起到关键作用，职业院校一直没有找到自己的方向，出现了定位不清、方向不明的窘况。

如果换一个思路，职业院校的主要服务对象是企业一线、生产工艺和生产产品。而大量中、小型企业面临的问题是：科研需求特别是技术研发和产品改进等方面的需求是比较大的，但因为企业规模和产品影响力的问题，一方面，大量中、小企业无法组织一支专业化的队伍去专门研究自身的产品和技术问题；另一方面，因为中、小企业的影响力有限，处于高端的大学研究机构不会主动去帮中、小企业做研发，而且在产品研发和技术改进等具体问题上，大学的科研机构缺乏经验，即使接手也难以直接解决问题。

职业院校与企业的合作，在前期一般是就业方面的合作，后期才发展到因校企合作战略而引发的学校与企业在专业建设、课程开发等教学层面的合作，但科研方面的合作迟迟未建立起来。一是企业还存有疑虑；二是职业院校也缺乏信心。但是，随着职业院校的成长，其技术研发能力在不断提高。而企业方面的研发需求则一直存在，甚至因为市场竞争的激烈而愈发强烈。特别是在当前产业普遍面临转型升级的背景下，企业不改革、不创新，就会被淹没在汹涌的市场大潮中。

校企合作在科研方面的连接，关键是找到相应的切入点。对于企业而言，更重要的是高校是否有足够的能力去解决企业的实际技术问题，为企业带来直接的利益，最大限度地弥补企业的短板。因此，校企合作在科研方面的对接，最重要的是能够弥补企业的不足。找到这一切入点，校企在科研层面的合作则可迎刃而解。特别是应针对地方产业转型升级的需求，解决企业技术革新和产品转型的问题。于是，在校企合作的过程中，技术服务占据了重要的地位，甚至一度成为职业院校将自身的科研优势用于企业服务的最主要途径。

“基地+联盟”因其首要的定位是社会服务，而高校社会服务的主要形式之一就是科技服务，这是典型的扬己之长。近年来，“基地+联盟”以技术服务为主，采取组织技术研发团队、设立科研机构，采取专项技术对接等形式，不断提高自身的技术服务能力，成为企业研发队伍中一支不可或缺的生力军。

（二）以技术服务为手段的协同运行机制的主要内容

1. 点的维度：技术专项对接

职业院校历经数十年的积累，已经成长出一批成熟的科研工作者，并且有了相当规模的技术积累。《国务院关于加快发展现代职业教育的决定》首次重点强调了“技术积累”的重要性，实际上是对职业院校运行数十年来在科研成就方面的肯定，并为其指明了方向。在重视科研的职业院校，历年因科研而申报的专利数量呈现几何递增的态势，但是职业院校的科研工作却始终难以获得应有的地位。

何以职业院校的科研成果难以得到社会的重视，究其原因：一是科研成果的转化难度。职业院校的科研工作者几乎走的都是从学校到学校的路，特别是近几年职业院校的科研骨干其实就是刚刚从大学毕业的具有硕士、博士学位的青年教师，他们缺乏扎实的企业工作经历和应用性科研的研发历练，他们的科研成果多数应用性不足，难以被市场直接应用，不能直接转化为实际生产力。二是在企业层面，多数企业尽管积累了大量的产品和技术问题，但是因为缺乏相应的科研信息，且对高校科研的不信任，导致企业也较少在碰到技术问题时直接向高校寻求帮助。于是，一种结构性的矛盾开始出现：一方面，职业院校存在大量的科研成果积压；另一方面，企业虽有研发的需求，但是却没有通过一些平台和途径去寻求合作。“基地+联盟”正好找到了这一切入点。

2. 面的维度：技术研发团队

如果说在点的维度，此种专业技术的对接在前期尚存在一定的被动性，属于大海捞针式的技术研发需求和科研成果转化的偶然碰撞。那么在面的维度，学校主动通过成立技术研发团队去承接企业的技术开发项目，则是一个不小的进步。这也是近年来校企合作不断深化的直接推动结果，有赖于职业院校与企业之间在长期稳定的合作过程中产生的技术信任，职业院校正是不断用这种方式确立起高职科研在市场上的地位。

学校利用“基地+联盟”的技术和人才优势 在二级教学单位、专业层面，或聚合院系力量，组建跨学科队伍，成立专业技术研发团队，以此来承接联盟内外企业的技术开发和升级改造项目。专业技术研发团队借助教师到企业锻炼等机会深入企业一线，或者在“基地+联盟”的年会和专项对接会上捕捉与会企业的技术研发需求，直面企业在转型升级中存在的技术问题，以横向课题研究或专项技术服务的方式，借助团队的力量为委托企业解决生产上的技术难题。

3. 体的维度：技术研发机构

专业技术研发团队始于问题意识，直接面对的是具体企业，在攻关技术难题或研发产品时，主要解决的是一个个企业具体的问题，其本身的科研价值及其技术研发的推广效应并非首要的考量因素。长此以往，一方面会拉低职业院校的科研水平，因为大多数需要解决的技术问题本身并不一定直接对应最前沿的理论和最先进的技术；另一方面因此类研发的推广性较差，如果接触此类项目太多，等于是始终在做简单的重复科研，最后将导致科研团队变成了重复生产、批量研发的“工匠”，不利于整个科研团队的成长和科研水平的提高。于是科研机构应运而生。科研机构的设立在于将企业频繁出现的技术问题与科研团队的专业特长结合起来，并且在一个更为广阔的科研空间内从事系统性的专题研究，着力于解决一些前瞻性的技术问题，使得技术的研发更具普适性、推广性，更能针对企业存在问题的普遍性，甚至影响技术发展的趋势。

学校利用“基地+联盟”的人员和设备优势，将合作的对象上升为当地的龙头企业，在基地内建设相应的技术研发中心和研究所，为会员企业的技术研发提供人员与设施支持。因为龙头企业在其所属行业的统领性和技术示范效应，解决了龙头企业的问题，实际上就是解决了同类企业的相似问题，可以达到举一反三的效果。而龙头企业一般站在技术的制高点上，对其他企业具有技术辐射性，因此，与龙头企业的直接合作，实际上让科研机构的研发工作能够始终站在技术发展的前沿，进而拉高了学校科研的整体发展水平。

“点对点”维度的技术专项对接带有随意性，即大多是高校教师的常规科研成果产生的发明专利或技术应用成果，它们的应用是随机的，事先并无针对性的企业，只是正好碰到企业所需时再做改良性的适应。这其实就是传统的科研成果转化的结果。直到进入“面对面”维度的专业研发团队层次，这一针对性才真正建立起来，并且多是出于企业发出的“要约”，高校的技术研发是后发型的。当然，这正是校企合作情境下的职业院校科研的常规态势。但是其局限性也是明显的，即所做的研发正因其强针对性，导致技术研发的产品和技术的适应性有限。因为仅仅针对合作的企业，而不具备强推广性，其技术积累和学术价值可能有限，只能解决当前的问题。学校在近年来才开始意识到组建独立运行的科研机构的重要性，目的在于整合零散的科研队伍，聚集已有的技术研发积累，将之上升到一个兼具整体性和高深性的层面。因此，研发中心、研究所等的技术研发项目着眼的是未来及其技术研发的推广效应。当然，“战术”是有必要的，因为科研本身是自由的，必须尊重和保护科研工作者基于兴趣和专业特长的自由研发；“战役”能够发挥的作用在当前具备可视性，自然是最能引发企业的现时合作兴趣的内容，它将一直是校企合作在技术服务方面的主要途径；“战略”的功用在于整合“战术”和“战役”的成果，采取组队攻关、深度推进、整体经营的手段，将技术研发事业推进得更远，这将是未来职业院校谋求校企合作、参与企业技术研发的一个重要途径。

三、以文化传承创新为抓手的协同运行机制

（一）文化传承创新：职业院校校企合作的隐性对接

1. 大学文化的内涵

大学传统除了历史的因素之外，强烈依存于“人”的因素和“物”的因素。这里的“人”指的是历史名人。翻开有关大学文化的著录，一所大学的文化陈述无不高度依赖于名人的轨迹，甚至在一定程度上大学的文化就是在这所大学上过学或工作过的“人”的文化。如言及北大文化，蔡元培、胡适、陈独秀等名人的言行事迹扑面而来，这就是一所大学文化表意的最鲜活的形式。名人是一所大学“活的文化”，可以无限地延伸和衍生，托起了一所大学的所有典故和传奇。“物”指代的是承载大学文化的器物、标志性建筑、场所等，如南开大学的校钟、北京大学的“未名湖”、湖南大学的“岳麓书院”，它们是“死的文化”，却或因器物蕴藏的价值取向被视为文化内核的标志，或被名人这一“活的文化”不断演绎得几近神话。这些撑起了一所大学的文化，更使得大学文化具备可感知性

和可触摸性。

大学文化的现代创生源自当代人的努力。尽管一个富有魅力的领导者可以在短期内让一所大学成就颇丰，甚至将大学的面貌来个翻天覆地的变化，但是不一定能够创生一所大学的文化。首先，大学文化的现代创生高度依赖于大学的文化传统，大学的面貌可以迅速改变，但是却难以割裂传统去创造另一种别样的大学文化出来。大学文化的现代创生必须在大学传统的基石上发扬光大良好的文化因子。你可以去芜取菁，但不能全盘否定、推倒重来。所以，当代公认是创生了现时态的大学文化的，大多被认为是对这所大学传统文化优秀部分的良好继承。大学文化的现代创生一般会源自一位富有作为的大学领导者以及培养出一批代表当代文化科技水平的社会精英，取决于将传统因素与当代情境的完美契合。

2. 职业院校文化传承创新的切入点

在文化传承创新成为大学的四大功能之一后，教育机构都在大谈文化的问题，职业院校也不例外。在这一场喧嚣的文化建设大潮中，职业院校建立起了自己的大学文化了吗？答案是含糊的。

如以大学文化发展的两大标准来衡量，职业院校的传统积淀远远不足，历史的印记还来不及在一个人或某一物上刻上自己的标记。唯余现代创生的空间，但是当前的职业院校久居底层，贸然爆发，于生存中左冲右突，尚来不及去创生一种文化形态。所以，职业院校遑论大学文化的生成，大可慢慢来，逐渐形成，一朝得就。不过，职业院校虽自身文化底蕴不厚，却不可避及文化的传承与创新。因为，后者是它的职能，有如义务，不可推卸。文化传承创新题目甚大，且几乎所有的机构都可以做，人人都可以去承担。职业院校首先要做的是找到自己的位阶，并借助这一明确的定位逐渐生成独属职业院校的大学文化来。校企合作给了职业院校一条文化传承创新的道路，也就是借助校企合作这一路径寻求大学文化与企业文化的融合，进而生成一种紧密结合产业文化形态、契合企业文化氛围、服务学生的技能提升和职业化进程的文化生态。

3. 校企合作隐性对接视角的职业院校文化传承创新的途径与方式

高校作为文化教育机构中的中心，文化传承创新的任务自然是其题中之意。在大学发展的前期形态中，大学甚至是以文化传承创新的任务为中心的，而培养职业性人才，从事科学研究等功利性指向的任务只是附加，甚至被完全排斥。尽管大学与社会接轨，而应成为社会发展的“驱动器”是趋势也是必然，大学不应囿于“象牙塔”中，只是培养“绅士”，张扬起道德意义上的社会责任，但也可见文化传承创新的职能之于大学的重要性不言而喻。

职业院校素以培养一线的技术技能人才为己任，一直以“就业为导向”，文化职能向来未构成职业院校的职能重心。然而在长期就业为纲的导向中，特别是随着校企合作的不断深化，职业院校也日渐意识到文化传承创新的重要性。除了人才培养中一般性的素养培育的内容之外，与企业和职业相关的职业道德、职业素质及其企业文化熏陶等成为职业院校在人才培养方面的文化烙印。而要真正培养出适应企业发展需求、能够迅速融入职业化生存环境的人才，学生生活和学习场景的企业文化意蕴也显得更为必要。因此，在组织机构层面，校园文化与企业文化的对接、融合及其新的文化生态的创生成为职业院校文化传承创新的主要形态及其定位所在。

产教融合、校企合作是职业教育发展的主要途径，学校与企业之间的关联密切性超过了任何层次和类型的高等教育机构。在校企合作内容中，职业院校与企业的对接通常体现在校企双方在专业建设上的合作共建，校企双方的师资力量在课程教学上的密切配合及其直接的师资进入企业一线触摸真实的工作情境、学生在就业前提前进入企业的相关岗位熟悉岗位的流程与操作的内容等。这些主体性的做法无一不是物质层面的对接，而心理和文化方面的熏陶作为物质层面对接的前提，是其黏合剂和润滑剂，自然应该先行，并且渗透在所有的环节中。文化方面的对接不会成为教学上的正式一课，也难以成为实训仪器设备上的某一个可触摸的部件，多以隐性的形式出现，我们视之为“隐性对接”。

这种对接过程，一方面需要努力做到将企业的文化移植进校园文化中，让学生在日常的学习和生活情境中交融在兼具校园文化特色和企业文化影子的文化氛围中，从而起到企业文化影响学生职业素养、驱动学生的职业化进程的作用。然而，另一方面，职业院校亦是社会价值观的“中心”，作为文化和价值的创造者和主导者，职业院校在这一文化的对接过程中不应处于被动状态。职业院校还需借助自身的文化生产性和创造性，向企业界输出自己的价值观。当然其文化和价值观输出的主体不再是大学本身，而是学生，即借助学生的就业及其将来的职业化过程去反向影响企业的文化及其价值观。

（二）文化传承创新为抓手的协同运行机制的主要内容

一般认为，校企文化融合的主要方式有三种：理念融合、载体融合与制度融合，最终形成人的行为文化。其表现形式即借助宣传和展示方式的“泛化”认知性融合，借助企业情境在校园的场所、物品中直接体现的“物化”熏染性融合，以及借助频繁的学生活动或制度化呈现的“内化”养成性融合。三个层次，由浅入深，构成了校企文化融合为主要内容的文化传承创新的主要途径。

1. 泛化：企业风采的巡回展示

企业文化影响职业教育最常规的做法是通过宣传和展示的方式，让企业理念层面的内容泛化到大学文化中。“基地+联盟”近年来多次组织开展企业风采巡回展示活动，如将企业简介、企业精神、企业理念等制作成展板、展品，到各个会员学校进行巡回展示，让学生提前了解联盟的优秀企业，提前感受企业文化、认同企业文化，从而为职业院校的毕业生去联盟企业就业铺路。这种集中宣传和展示的方式尽管不会起到立竿见影的效果，但是出于“先入为主”的熟悉原则，对毕业生在就业择业过程中产生的影响依然是不可忽视的，至少对学生会产生一定的思想冲击，使其对未来的就业环境有基础的认知。

2. 物化：企业氛围内设为教学环境

校园文化的“物化”也是大学最为看重和最多采用的一种影响途径。职业院校的普遍做法是将企业的环境和企业的文化直接搬到学生的学习环境中来，让学生在企业的生产模拟情境和企业文化的环境中学习和生活，从而产生潜移默化的影响。如在公共实训基地内建设企业文化展示长廊，将优秀会员企业的企业文化、企业精神引入实训基地建设中。这一方面在于展示支柱企业的风采；另一方面使学生产生与优秀企业共同成长的观感。

或者直接建设一批具有鲜明地方企业文化氛围的实训室、展示室。如公共实训基地各实训室的结构形式与企业车间相似，使学生在潜意识中融入企业环境，教师相当于是车间主任（师傅），根据实际工作成绩给予学生实训成绩。基地推行“6S 管理”，对学生设备使用、产品归类、阶段检查、安全管理以及职责划分等管理明确，做到“清理、整顿、清扫、规范、素养、安全”，提供全真或者仿真企业环境。基地还从其他企业聘请相关工种的技师、高级技师担任专职实训指导师，达到逼真的实训模拟效果。这种做法还可以将企业文化融入技能人才培养中，使得实训本身的模拟情境更加真实。

3. 内化：优秀企业文化融入校园生活

更为强大的影响方式，是将表层的宣传和可能产生的物化效应进一步推进，让企业的文化“内化”为学生的职业素养，建立起对企业文化充分的认同感。作为一种内化的途径，近年来各职业院校越来越重视的技能运动会起到了一个很好的技能文化承载的作用。技能文化节同样是一个企业广泛参与、企业文化深层渗透的舞台。每年的技能文化节都能吸引许多知名企业主动与学校合作开展活动，通过企业文化专题讲座、企业文化宣传片展播、企业文化校园展等企业文化全方位展示，企业冠名校园活动、企业参与校园活动等校企文化多角度互动，职业规划设计大赛、模拟招聘会、企业典型工作流程技能大赛等校企文化平台搭建，促进企业文化和校园文化融合。许多企业积极参与到校企合赛中，为比赛提供项目方案、裁判等资源，有的更是直接派员工来校参赛，与学生同台竞技。这些比赛以企业实际业务为竞赛内容，在企业真实情景中实施，由企业专家来评判竞赛结果。通过校企合作，不仅提升了竞赛的观赏性和吸引力，而且能使学生认识到与企业技术能手的水平差距，更能使学生融入企业文化中，由内而外，从心灵到行为接受洗礼，激励学生不断提升自身水平。

“基地+联盟”在集中资源与学校一起推进技能文化节的同时，还组织了诸多企业与学校的文化对接活动，力图将企业优秀文化要素融入校园建设、学生实习、教师培训中，营造良好的职业文化氛围。更进一步的措施是，通过企业文化和校园文化的良好对接、融合，创生出一种耦合了企业文化和校园文化的新型特色文化，让职业院校的文化具备特殊性，这一特殊性的指向即职业院校的校园文化更具企业化特征，使得企业文化和校园文化你中有我、我中有你。

在产教融合、校企对接的过程中，“基地+联盟”的存在将这种文化的对接变成了常规性的工作。首先出于宣传的需要，“基地+联盟”会通过集体性的展示活动将企业文化通过某一形式进行集中呈现，汇聚以成声势。但是宣传活动本身是“季节性”的，其影响也会存在断续。于是，“物化”的途径应运而生。没有哪种高等教育机构能够像职业院校一样，完整地去创造一个工作的情境来锻造一种职业，并且这种全真或模拟的情境成了职业院校人才培养的主要方式被固定下来。正如企业的文化既存在企业员工的内心，是职员的心理契约，也在企业的建筑物、工作环境中予以体现，这种文化的物化形态进一步被搬进实训场所中，并发挥着真正的潜移默化效应。然而，物化的局限性是显而易见的，因为作为教育机构存在的学校不可能将其所有场景企业化，但“内化”是有可能的。内化的方式在于在校园文化之中巧妙地嫁接企业文化，并希冀通过长期的运作使得企业文化与校园文化渗透融通，进而生成一种新型的文化态势。

第二节　产教融合下校内实训基地的治理

一、完善政策制度基础与体制机制保障

政府在推进职业院校校企合作办学的过程中具有相当重要的作用，其作用具体表现为政府能够为职业院校校企合作办学制定相应的政策，从而保障校企合作办学工作的顺利开展。对于政府而言，要制定职业院校校企合作的有关政策，应当先明确国家校企合作办学的目标以及协调各个部门之间的利益。

（一）政策制度层面：进一步完善职业教育法律体系

职业院校校企合作办学工作离不开各级政府的支持。为了保证职业院校校企合作办学工作的顺利开展，政府应当先做好校企合作的法制工作，用规章制度来规范职业院校和企业的责任与义务，引导职业院校和企业建立合作机制，为职业院校和企业营造良好的合作环境。

《中华人民共和国职业教育法》的颁布为我国职业教育的发展提供了保障。近些年，我国对于职业教育的关注度越来越高，职业教育法律体系框架基本上已经形成，但受我国国情影响，职业教育法律法规的制定涉及多方面的因素，其中原因较为复杂，因此，现阶段的职业教育法律法规体系设计仍存在一定的问题。

在研究职业教育法律法规体系时，应当从多个层面进行考虑，自上而下地进行统筹设计工作，从而形成一个完整的职业教育校企合作法律保障体系，进一步使各级政府、职业院校和企业能够明确自身的责任与义务。应从《中华人民共和国职业教育法》着手，对校

企合作中的政府、职业院校和企业的责任与义务进行规范，并相应地完善《中华人民共和国劳动法》《社会力量办学条例》等相应条款，加强各法律之间的联系，更好地保障多方利益。与此同时，还要制定《校企合作促进条例》《校企合作促进条例实施细则》，以强制性的手段要求企业参与职业教育，对积极参与职业教育的企业给予一定的补偿，对不积极参与职业教育的企业进行批评与教育，而不仅仅是引导企业参与职业教育。只有这样，企业才能够重视职业教育的重要性，从而积极地参与到职业教育之中，推动职业教育的发展。另外，在处理职业院校与企业之间的矛盾的过程中，政府应当充分发挥自身的作用，科学有效地解决问题，从而为校企合作提供更好的发展空间。

每个地方的发展状况和产业特色都存在较大的差异，因此，地方政府应根据本地的产业特色和本地企业的发展状况来制定校企合作条例。另外，地方政府在选择合作办学的企业时应当重视企业资质，为职业院校匹配最合适的企业，从而更好地促进当地校企合作办学的发展。

（二）体制机制层面：构建和谐顺畅的运行环境

1. 构建行业企业深度参与的长效机制

为了更好地促进企业长期参与校企合作，应当建立职业教育工作部际联席会议制度和地方职业教育工作联席会议制度，制定科学合理的职业教育管理机制，使企业与职业院校能够同台进行商议，充分发挥政府、企业在校企合作中的作用，构建综合性强、管理水平较高的职业教育管理体系。从国家层面来看，国家应当加强财政、农业、水务、人社等部门与企业、职业院校的联系，对企业、职业院校在校企合作中遇到的问题进行收集，并提出相应的解决方案。从地方政府层面来看，地方政府应当针对实际情况建立职业教育指导委员会、职业教育协作联盟等组织，为企业和职业院校提供人才资源、技术等方面的帮助。与此同时，地方政府还要根据职业院校和企业的实际情况对人才培养计划提出相应的要求，为校园和企业制定相应的人才培养标准，并实施职业院校领导与企业领导交叉任职的方案，提高企业在校企合作中的话语权。

2. 完善组织机制，搭建双方合作治理结构体系

在搭建双方合作治理结构体系的过程中，应当设立专门的校企合作协调机构，使职业院校和企业能够明确自身在校企合作中的优势与劣势，从而更好地协调二者之间的关系。值得注意的是，职业院校与企业的属性和目的都是不同的，因此，二者对于合作办学的诉求也不同，这意味着职业院校与企业要在协同管理方面进行深入研究，形成良好的协同合作管理机制。另外，在校企合作办学的过程中，职业院校与企业可以进行互补，例如企业人员可以任职于职业院校，为学生提供专业化的指导；而职业院校教师可以在企业内部进行实践，为开展研究工作积累更加丰富的经验。在校企合作办学的过程中，职业院校与企

业彼此之间应加强沟通，明确双方的供需问题，有针对性地研究解决方案，从而强化二者之间的合作。

3. 发挥税收政策的调节作用，建立鼓励企业参与的激励机制

（1）研制专门的税收减免政策。

对于那些积极响应政府号召并主动参与职业教育的企业，政府应当给予一定的鼓励，即制定相应的税收减免政策。在校企合作办学的过程中，学生在企业实习的报酬以及开支主要由企业承担，因此政府应当对这些付出较多的企业给予税收减免优惠，即用税收来抵免学生的实习报酬和实习开支，这样不仅能够缓解企业在校企合作办学中的压力，还能够为企业树立良好的口碑。

（2）明确双主体办学中企业可获得的合理回报。

在校企合作办学中，企业在其中的付出是较为明显的，因此为了更好地吸引其他企业加入校企合作之中，政府应当明确企业在校企合作中应得的回报。在具体实施过程中，学校应当根据实际情况上报企业的投入比例，并将其上报至政府教育部门，由政府教育部门和其他部门共同商议企业可获得的合理回报。对于有突出贡献的企业，政府应当考虑免征该企业一定时期的企业所得税，为该企业积极参与校企合作办学提供动力。

（3）制定企业参与职业教育的优惠政策。

一般认为，企业主要是以利润投入的方式参与校企合作办学，因此校企合作办学被计入企业的生产成本中，这自然会对企业的发展产生一定的影响，因此为了推动更多的企业参与校企合作办学，应当制定企业参与职业教育的政府优惠，例如，借助政府财政经费来缓解企业办学的压力，或者建立政府、企业联合资金投入机制。在具体实施过程中，企业要履行自身的社会责任，严格按照要求来规范自身的行为。

4. 发挥以评促建的作用，建立协同创新评价机制

为了更好地督促校企合作办学，应当建立相应的评价机制，通过接受评价的方式使职业院校和企业明确自身在合作办学过程中存在的不足。从整体上来看，建立评价机制是利大于弊的，它有助于引导校园和企业形成共同的育人目标。其中，用于评估企业办学的标准主要包括企业经费投入、育人数量、社会满意度等，而用于评估职业院校办学的标准主要包括人才培养质量、研发项目数量、实训基地共建投入等。与此同时，奖罚分明也是影响校企合作办学的重要因素之一，应当根据评价情况对职业院校或企业进行奖励或惩罚，从而激励彼此不断投入更多的精力于合作办学之中。

二、明确行业协会职责与资源优势利用

行业协会代表着本行业所有企业的共同利益，是沟通政府与企业之间的重要桥梁，其重要性是显而易见的。在校企合作办学的过程中，行业协会的作用主要表现为指导作用，

他们会根据实际情况制定职业资格标准，从而指导企业参与合作办学。因此，各级政府应当重视行业协会的作用，制定与行业协会相关的发展政策，完善行业协会发展的内容，引导行业协会制定职业资格标准和技能等级考核，从而使行业协会更好地为校企合作办学服务。

现阶段，我国的行业协会已经设立职业教育教学指导委员会，它主要为企业提供咨询和指导服务，不仅有助于推动职业院校与企业进行深入的校企合作，还有助于保障职业教育与培训工作的专业水平。在校企合作办学中，应以产业和专业作为优势，充分利用企业和职业院校在各自领域的资源来建设实训基地和专业师资队伍，为学生提供专业水平较高的就业指导，实现毕业即就业的目标。与此同时　还要加强行业协会与职业院校之间的交流，即邀请职业院校职工参与企业交流会议和邀请企业人员参与职业教育办学推进会，使二者能够在沟通交流的过程中完善校企合作办学的内容。对于行业协会而言，它应当指导企业更新职业培训方案，形成市场主导下的具有创新性的职工培训机制，并将其运用到校企合作办学之中，为职业院校培训新型技能人才提供新的方案。另外，应当加强对校企合作办学的评估工作，行业协会从专业角度对校企合作办学进行深入评价，并为后续工作的开展提供新的思路，最终使学生能够满足社会的需求，顺利就业。

为了更好地为职业院校和企业提供市场信息和人才信息，应当建立企业和职业院校内部的信息管理系统，使职业院校能够明确市场对人才的需求情况，使企业能够明确人才的基本情况。与此同时，还要对当地未来的人才需求和市场需求情况进行预测，从而有目的地制定人才培养方案，促进校企合作办学向指定方向发展。相关企业可以定期举行企业技术发展论坛，并邀请职业院校职工参加，使职业院校能够了解企业的发展情况，研究创新性教学方案，从而适应企业的发展。职业院校在制定教学目标时也可以邀请企业人员参加，使教学目标的制定工作更具有针对性，从而促进学生顺利就业。

三、提升职业院校教学能力与技术技能积累

职业院校自身的实力和办学理念能否吸引企业的注意力是影响校企合作办学的重要因素，因此职业院校应当增强教学能力、改革教学观念，从而使企业能够对职业院校树立信心，更好地参与并组织开展校企合作办学。职业院校应当从经济社会发展的角度出发，对专业建设与发展进行深入研究，并将供给侧结构性改革的理念与职业院校教学理念相结合，明确新时期的办学理念，从而提高自身的专业水平，为社会培育出越来越多的专业性人才。与此同时，职业院校应以自身的独特优势来吸引企业，使企业能够积极主动地投入资金于职业院校之中，助力职业院校开展教学研究工作。

随着互联网时代的来临，我国对于人才的需求也逐渐发生了改变，这意味着我国的产业结构面临重构，职业院校办学模式需要创新、资源需要重新配置等。现阶段，应认清社会发展的现实，从多个方面来研究新时代背景下的职业教育发展，探究职业院校与企业之

间新的合作方式，从而推动校企合作办学向更好的方向发展。

（一）积极主动提升自身实力，对接行业发展和产业需求

在开展校企合作办学的过程中，职业院校应先对产业体系和经济发展状况进行深入研究，明确企业对人才的需求情况，从而有针对性地制订教学计划，以实现和促进学生顺利就业。职业院校与企业的合作，一方面能够为学生提供实训基地，检验学生知识学习情况；另一方面能够培养学生的职业能力和职业素养，促进完善人才培养模式。开展校企合作办学的目的之一在于更好地满足企业对人才的需求，这要求职业院校在设计课程时应与企业相关岗位的标准保持一致，利用学生的课余时间开展社会实践活动，并积极开展相关的教学实训活动，最终由职业院校职工和企业相关人员共同对教学结果进行考核，以便保证教学活动的专业水平。对于职业院校教师而言，教学方法并不是一成不变的，应当根据企业的发展情况进行适当调整，而为了更好地设计教学课程内容，职业院校教师应当积极与企业联系，与企业相关人员一同制定人才培养方案。

大多数情况下，采用激励的手段有助于职业院校教师更好地开展教学活动。例如，建立资金激励机制，用高额的回报来激励职业院校教师和企业相关人员主动参与科研工作。与此同时，将一些课题和研究作为职业院校教师职称的重要考核标准之一，并以其他教师和企业相关人员作为评估人员，从而引起职业院校教师的重视，更好地开展高质量、高水平的研究工作。

（二）提升治理能力和管理水平，为企业发展提供服务和平台

在校企合作办学的过程中，职业院校应当从现代职业学校制度改革着手进行教学工作，具体包括人才培养、办学观念和师资队伍建设等内容，从而更好地与企业进行合作。与此同时，还要建立职业院校、企业、行业等共同参与的理事会，这不仅有助于社会组织之间的共同合作，还有助于针对性地进行治理。职业院校还要建立教育教学质量监控体系，以便更好地对教学工作进行研究和调整，从而保障教学工作的专业性。

为了更好地提高职业院校的教学能力，促进教学资源的合理运用，职业院校应当积极引入优秀的职业教育教学经验，并将其运用到具体的教学实践过程中。与此同时，职业院校还要有针对性地改善学校实训基地条件，加强与企业之间的合作，使学生能够享受到专业水平较高的教学条件，从而通过实践的方式提高自身的专业能力。

（三）整合优质教师资源，提升师资队伍水平

在校企合作办学的过程中，师资队伍的建设工作显得尤为重要，除了培育本校的教师之外，职业院校还应根据自身的实际情况设立“技能名师”岗位，引入一线专业技术人员作为“技能名师”，这样能够使学生更好地了解专业技术，并熟练地掌握专业技术，以便

适应未来的工作内容。与此同时，职业院校还可以引入企业的专家、技术人员等作为兼职教师向学生进行授课，使得学生能够在企业实训基地中感受到应用专业技术的魅力，从而更加积极主动地投入专业技术学习的过程之中。

职业院校在积极引入职业教育教师的过程中，也要对职业教育教师建立相应的管理制度。例如，针对职业教育教师制订相应的培训计划，对新的职业教育教师进行培训，顺利通过培训的教师才能被称为真正意义上的职业教育教师。在校企合作办学的过程中，可以将企业实训基地作为教师的实践基地，增强职业教育教师的教学实践能力，并从中发现职业教育教师存在的问题与不足，以便有针对性地进行纠正与调整。

四、强调多元育人成才与正面社会舆论

在开展校企合作办学的过程中，做好舆论宣传工作有助于营造良好的职业教育氛围。从目前来看，主要通过两种方式来开展职业教育的舆论宣传工作，分别是以电视台、新媒体等为主的媒体宣传方式和拓展宣传载体的方式。在以电视台、新媒体为主的媒体宣传方式中，主要是通过制作与职业教育相关的主题报道来宣传职业教育，为教师和学生说明开展职业教育的作用和意义，帮助学生树立正确的价值观念。在拓展宣传载体的方式中，职业院校主要通过举办“职业教育宣传周”主题活动宣传职业教育，引导周边的学生正确认识职业教育，与此同时，进一步培育和提高职业院校的知名度。

为了给校企合作办学工作营造舆论氛围，职业院校和企业应当建立奖励和激励机制，从而吸引更多的人加入职业教育的宣传工作之中。政府在职业教育舆论宣传中的作用是相当显著的，能够为职业院校和企业提供良好的社会舆论引导。与此同时，政府还可以设立企业贡献等级评级制度，对那些具有突出贡献的企业进行嘉奖，并通过新闻媒体来宣传这些对职业教育作出了突出贡献的先进单位和先进个人。另外，各类职业院校还可以组织技术技能比赛，从比赛中决出具有较好专业技术能力的学生，并对该学生所在的职业院校进行嘉奖。

第六章　产教融合下实训基地“双师型”教师队伍的建设

第一节　“双师型”教师的相关概念

随着我国跻身世界经济总量第二位，向经济强国转变历史新阶段的到来，社会对人才的需求也日益多样化、多层次化，特别是对各类技术技能型人才的需求更为迫切。因此，高等职业教育肩负着重大使命，既要满足我国经济转型升级的需要，还要为社会管理创新和人的全面发展提供养分。而作为我国教育重要类型之一的职业教育，其职教属性决定了实践教学的重要地位。职业教育的实践性要求使职业院校师资队伍建设具有特殊性，即在职业院校师资构成中，需要一大批“双师型”教师。

一、“双师型”教师概念的产生

我国真正意义上的职业教育开始于改革开放之后，最初职业技术学校的发展模式与其他学校区别并不大，也是以理论学习为主。到了 20 世纪 80 年代后期，随着我国经济的发展，社会对技术型人才的需求量越来越大，但职业学校培养出来的学生并不能很好地适应企业的工作，这也使人们对我国的职业教育提出了质疑。为了改变这种现状，政府以及科研机构开始探索更适合中国职业技术教育发展的新模式。“双师型”教师队伍建设就是在这种背景下产生的。

二、“双师型”教师的内涵

“双师型”严格来说是一种行政称谓，在我国主要是指职业技术学校的教师。目前学界对“双师型”教师的说法并不统一，从不同的角度出发，有不同的定义。通过对各类文献资料的梳理，“双师型”教学团队的界定主要可以分为几种：第一，“双证说”。这种观点认为，教师要持证上岗，一名合格的职业学校教师应该有专业教师资格证和行业技能等级证，这两证也是衡量教师是否达到职业教师资格的标准，人们开始把教师的实践能力放到与专业能力相同的位置。第二，“双素质说”。这种说法认为，职业学院的“双师型”教师应该有扎实的专业基础知识，精通教育学、心理学等；还要有高超的职业技术能力。

这种观点更重视教师的实际能力。第三，“叠加学说”。这种观点认为，“双师型”教师既要有从业资格证和技术等级证，更要有真才实学，这种观点是上面两种观点的综合，对“双师型”提出了更高的要求。第四，“双层次说”。双层次观点给“双师型”教师赋予了丰富的内涵，它认为，教师有较强的理论知识和技术能力只属于低层次的标准，而作为高等职业学校的教师还应该有更高的要求，就是有较高的师德，还要有循循善诱的本领，善于引导学生，提升学生的自我发展能力。

关于“双师型”教师的概念始终在争论中发展，主要为：“双职称说”“双证书说”“双能力说”“双来源说”。“双职称说”，是指拥有两个不同系列的中级及以上技术职称，可以将其概括为“讲师+工程师”，就可以成为“双师型”教师。“双证书说”，是指持有“双证”，即教师资格证和职业技能等级证，且具备相应素质与能力的专业教师。“双能力说”，认为教师应该具备较好的教学能力和较强的实践动手能力，教师既可胜任专业理论课的教学，也可在学生实践专业技能训练时进行示范和指导。“双来源说”，是指“双师型”教师队伍由专职教师和来自企业有多年实践经验的兼职教师构成。“双师型”教师是在职业院校任教，一方面具有“双师型”教师的内涵本质要求，另一方面又具有“双证书”要求的资格特征，从事本专业理论教学、实践教学和技术岗位工作，并将技术岗位工作转化成教学设计的专业教师。

三、“双师型”教师团队的内涵

从以上几种定义可知，“双师型”具有非常丰富的内涵，要求教师有高尚的道德水平，丰富的理论知识，有高超的专业技术能力和专业教学能力，能够在教学中发挥自己的特长，还能够通过有效的教学手段与方法提高学生的自学能力与自我发展能力。如果想让每一名教师都达到这样的标准也存在很多困难，因此，要想真正提高高等职业学校教师的水平还需要探索更为有效的思路。从上面的论述可以发现，想要构建真正意义上的“双师型”教师队伍存在着很大的困难，针对目前“双师型”建设存在的问题，研究者又提出了“双师型”教学团队的构想。“双师型”教学团队是指在教学队伍中既有专业的教师，又有兼职的教师，他们有的来自高校，有的来自学校合作的企业，还有科研单位和行业协会的相关人员。专业教师主要负责理论知识的传授，而兼职教师重点承担技术实践任务，科研人员负责教学研究和技术研究。在整个团队中，每个成员都各负其责，最终实现多个机构的互惠共赢。这种形式一般被称作“双师型教学团队”或“双师型教师队伍”，本书所探讨的“双师型”教学团队就属于后者。

这种合作式的“双师型”教学团队不要求团队中的每个成员都具备“双师型”的素质，而是通过团队中不同成员的组合，来达到“双师型”所具备的能力，企业、学校、科研单位以及行业协会都要发挥自己的专长，形成强大的团队力量，最终实现“双师型”所追求的目标。

四、“双师型”教师的理论基础

（一）人力资源管理论

人力资源是社会中的重要资源，对人力资源进行管理需要科学、有效的方法，对与一定物力相结合的人力资源进行组织、培训和调配，使人力、物力保持较佳的配比水平。同时还要对人的思想、行为进行控制和调节，发挥人的主观能动性，达到人尽其才、物尽其力、人事相宜的目标。人力资源管理是实现组织目标的重要手段，通过有效的组织提高劳动生产率。人力资源管理主要包括：人力资源的招聘、选拔和录用；对人力资源的培训；对人力资源的管理与考核；对人力资源的激励；制定人力资源发展目标，以及人力资源管理的规章制度等。职业院校的人力资源管理是指院校利用现代人力资源管理手段，对学校的人力资源进行配置、管理与整合，还要负责人力资源的培养、思想意识的提高以及他们所表现出来的工作态度、合作能力等的指引。要想实现这些目标需要对职业院校的人力资源进行充分的了解，根据他们的实际情况制定发展目标、管理规划、评价标准以及培养计划等。对职业院校教师队伍的管理必须有长远的规划，要注重教师队伍的年龄结构、专业结构、学历层次等多方面的指标，特别是在专兼职结合上面，通过学校的发展带动教师队伍的发展。职业院校的人力资源管理还需要加强职业院校的文化建设，使团队中的每个成员都能在一种和谐、向上的氛围中开展自己的工作，把提高工作质量和工作效率作为自己的工作目标，共同营造良好的教学、科研环境，为职业院校未来的发展打下良好的基础。

（二）教师专业论

联合国教科文组织于20世纪60年代召开了一次关于教师地位的会议，在会议上讨论了《关于教师地位的建议》，虽然没有最终断言教师是专业性职业，但认为教师这一职业应该被看作专业性的职业。在之后的几十年中，人们一直没有停止过对教师专业化的讨论，各方面的专业人士对教师专业化进行了讨论，从讨论的结果来看，教师也只能算是一个准专业的职业。在教师专业发展过程中，应该注重教师地位和角色的转变，使教师的工作满足一定的专业要求。

综上所述，教师的专业化就是指教师在从教生涯中，通过终身学习和训练，不断提高自己的职业道德水平、专业知识以及教学能力，不断向专业化工作者的方向努力。一个人由普通工作者变为专业工作者需要较长的一段时期，教师这一职业与其他职业相比，具有自己的特点，对专业化教师的培养需要一套独特的培养方式和过程，需要建立专门的管理制度，为教师提供独特的职业条件。教师的专业化既包括学科的专业化，也包括教育的专业化，要对教师的专业知识、教学能力、职业道德水平进行严格的规定与考核。“双师型”教师是职业院校教师专业化的主要方式，也可以理解为职业院校教师的“双素质化”。教师的文化水平、教育科学知识以及行业素质构成了职业院校“双师型”教师素质的主要内容，也是实现职业院校教师队伍专业化的核心目标。

（三）学习型组织论

“学习型组织”是指组织内的成员在良好氛围的熏陶下，充分发挥自己的主观能动性，能够以积极的态度投入学习当中，并能够与组织内的成员密切合作，形成高度的凝聚力、创造力。在该组织中，每个成员不但自己主动学习，而且能够帮助其他人，使组织的成就超过个体相加的总和，这是“学习型组织”的最终目的。在高等职业技术学院中，人才培养的质量关乎社会经济的发展。而教师是人才培养的主要实施者，他们的从教能力起着关键的作用。从我国高等职业教育的现状来看，我国虽然提出了“双师型”教师的概念，也为此做了大量的工作，但所取得的成果并不是非常显著。其中，最为关键的问题就是教师缺乏终身学习和可持续学习的观念。只有教师树立了不断学习的信心和决心，才能让教师的素质不断提高，以达到“双师型’教师的基本要求。“学习型组织”这一概念运用到“双师型”教学团队建设中，有力地促进了团队成员的发展。在团队内部，每个成员都树立了正确的学习理念，就会在内部形成一种良好的学习氛围，而且能够带动企业所派遣的技术人员加快适应教师这一角色，掌握更为丰富的教学方法与手段，提高教学效率。

第二节　产教融合下高职院校“双师型”教师团队建设的保障措施

在国务院颁布的《关于推动现代职业教育高质量发展的意见》中提出了“校企合作、工学结合”的“双师型”教师团队培养模式。加强与企业之间的合作是目前职业技术学院的重中之重，学校要利用好国家对职业教育大力扶持的契机，开展深度的校企合作新局面。政府可出面为职业学院与企业的合作牵线搭桥，组建“双师型”教师团队。在协议书中需要明确学校与企业之间的责任、义务等，建立稳定的校企合作以及学校与其他组织合作的关系。企业优秀员工的加入可以提高教师团队的技术力量，而科研专家的加入提高了职业学院的科研能力和学术水平。政府还要根据高职院校的特点，对聘用教师的年龄、学历、职称、聘用程序以及工资报酬等进行明确，提高聘用的可操作性。同时还要创新人员聘用的方式，拓宽人员的任用渠道。比如，可以在学校内设一些特别的岗位，以聘用兼职人员为主，对应聘者的年龄、学历等放松要求，主要考查应聘者的实际能力，吸引具有高级职称的技术人员进入“双师型”教师团队，担任专业技术课程以及实习指导等工作。

一、高职院校构建“双师型”教师团队的保障

（一）为高职院校“双师型”教师团队建设提供物质支持

是否能够把高素质的优秀人才引入高职院校的“双师型”教师团队，其关键在于能否给应聘者提供应有的社会地位与薪酬。在经济社会里，工资的高低从某种程度上代表了身份与地位。我国高职院校教师的工资待遇水平一直不高，这也就影响了社会优秀人才选择高职院校从教的热情。长期以来，我国高职院校教师的工资水平都低于其他事业单位的平均水平，甚至一些高职院校教师的工资还要低于义务教育阶段的教师，这也导致了高职院校吸引人才的能力比较薄弱。高职院校的工作环境也不理想，进入高职院校后，教师的发展机会较少，这不但影响了在职教师的工作热情，还会影响高职院校教师后备力量的培养，一些学生宁愿到企业工作，也不愿意选择到高职院校任教。这种现状，一直影响着高职院校教师队伍的质量。在这种背景下，要想使高职院校的“双师型”教师团队能够得到真正的发展，就必须提高对高职院校的物力支持，特别是要提高教师的工资待遇。近年来，我国加大了对职业教育的投资，职业教育学校的教师收入也得到了很大提高，这也为“双师型”教师团队的建设提供了物质保障，高职院校要充分利用这一机会，扎实推进“双师型”教师团队的建设工作。

研究高职院校教师的薪酬激励：一是要从内容入手，了解和满足教师的需求，从而激发教师的主观能动性；二是要研究激励过程，关注激励的制度和程序，关注教师职业生涯过程的薪酬期望，关注薪酬管理的水平和目标，致力于提高教师对薪酬结果的信任度，才能保障激励的有效性。

在高职工作实践中，有效的激励应包括绩效考核的有效性、薪酬管理的有效性和激励制度的有效性三个方面。而薪酬管理的有效性涵盖公平和效率两个重要因素，激励制度的有效性则要求激励制度满足诸如“可逆性（薪酬随绩效而增减）”“可用性（考评的简单化）”“可见性（公开、透明程度）”等一些技术性要求。

外在薪酬激励从辩证观点来看，经济基础决定上层建筑，上层建筑则会对经济产生反作用。在“按劳分配、多劳多得”的环境中，工资、奖金、津贴补贴等外在薪酬是教师安身立命的根基，能满足教师的基本需求，并为教师追求高层次需求创造条件，激励的作用不言而喻。随着经济的快速发展，教师的“上层建筑”必然发生潜移默化的改变，外在薪酬激励的边际效用会逐渐递减。对高职院校而言，外在薪酬的激励是必要的，却是不充分的。

内在薪酬激励对内在薪酬激励的设计，体现着学院管理层的管理理念和管理艺术水平。高职院校应根据教师的职业劳动特点，了解教师在长期从事职业教育现实状态中的压力源，充分理解教师适度和过度的压力感；了解与教师工作积极性相关的各种因素，通过

科学的研究完善管理，满足教师自尊自主、发挥学术权力的需要，满足教师成长和成就的需要，满足教师深度参与学院管理、发挥主人翁作用的需要，为教师的自我实现创造条件、搭建平台。

教师的激励受影响的因素很多，只有把各种因素都搞清楚了，才能建立起符合高职学院实际的、真正起激励作用的薪酬机制。影响高职教师薪酬激励的权变因素涵盖教师个人背景因素、院校规模及生命周期、区域与行业环境因素等多个方面。按照管理理论，不同的组织规模，其管理与激励的方式有别；处于不同发展阶段，目标不同，管理与激励的方式也必然不一样。各高职院校起步于不同的行业，立足于不同的区域，与所在区域和行业的经济发展状况、风土人情、社会文化等都有密切关系，各类环境因素渗透于教师生活的方方面面，影响深远。研究高职院校教师内在薪酬激励，是建设和谐校园、促进科学发展的需要。

根据高职院校教师工作特点，研究教师的心理需求，构建教师发挥主观能动性、激发潜能的平台，最终目标是实现高职院校的可持续发展，达到院校利益和教师利益的一致。

1. 以继续教育券为手段实行“能本+人本”激励

社会发展到今天，知识不仅有使用价值，也有交换价值，既体现于知识载体，也体现于积极运用的结果，知识资本将成为知识经济管理中稳定人才的重要原则。职业教育关键的个人需求是职业迁移能力，满足学生“促进个体的社会化和个性化，其最终目的乃是促进个体的整体性发展，包括个体的全面发展、和谐发展，并促进个体的可持续发展”。对教师来说，职业生涯阶段也是整个生命周期的黄金阶段，可能产生专业拓展的方向转换，也可能产生新的职业选择，为自己创造提升职能的机会。因此，工学交替、终身学习也成为教师自我发展的必然选择。随着区域经济的不断发展，产业结构和行业形势也在不断发生变化，高职院校的专业结构和人才培养要求必然要随之变化，旧的平衡不断被打破，新的竞争不断涌现，教师必须有获得竞争性薪酬的机会。我们研究高职院校教师内在薪酬激励，就必须把教师看作完整意义上的人，注意到他们的自我意识、利益需要，注意到他们的社会人角色，注意到他们需要塑造、影响和改变的理性一面，注意到他们的知识层次和工作特点，注意到他们对精神世界的消费需求日渐丰富，思维需要在竞争、选择、组合中不断发展。为了适应高职教育发展变化的要求，学院必须不定期地组织教师培训和进修，要做到有的放矢，必须了解教师想什么、要什么，必须分析教师个人意愿与学院发展需求之间的匹配性，认真研究学院事业发展规划并以此制定激励教师的导向性政策，鼓励教师按照目标导向构建具有个性特点的知识能力结构，修订个人生涯规划和自主进修计划，逐步形成适应高职院校发展又独具特色的自我价值体系。在高职教师培训市场逐渐被经济效益所渗透的情况下，要使每一位愿意与学院事业发展同甘共苦的高职教师都有平等的继续教育机会，设立“继续教育券”无疑是可行之策。

基本思路：随着各高职院校硬件逐步完善，走内涵发展之路、强化“软件”建设成为当务之急，每年应根据学院师资队伍建设规则，设立专项经费，用于将教师继续教育的“内培”与“外引”，按照“专业带头人优先安排国内外访学，中青年骨干教师优先选送外培，品牌特色专业、紧缺专业教师优先资助，普通教师定期更新轮训”的原则，设立不同等次的“继续教育券”，教师可以凭券向职能部门申报，争取到相应额度资助自己的意向性培训项目（高级培训费用不足部分适当自理），这样，既可以保障每位教师在一定周期中都有继续教育的机会，又可以让不同层次的教师得到自主发展。这种兼顾绩效和公平的“能本+人本”激励模式，必然促进教师的主观能动性发挥，有利于组织目标实现，有利于促进学院走上和谐、可持续发展之路。

2. 以教育教学、社会服务绩效为依据

权变激励条件下，薪酬必须反映教师的劳动价值差异，才能发挥激励作用。薪酬差异除了在不同等级的工资上体现外，绩效工资也是必不可少的，“固定工资+浮动奖励”的模式已得到广泛采用。固定工资以岗位为依据，绩效工资以业绩为依据，如果岗位聘任和业绩评价能体现相应的学术水平和业绩贡献，薪酬制度就能发挥重要的激励作用。因此，建立科学合理的绩效考评机制就显得尤其重要。从研究现状来看，“目标+沟通”的权变管理方式最为有效和实用，运用最普遍。院校目标明确了，管理者才能知道如何进行有效管理，教师才能明白如何保持个人努力方向和学院目标要求的一致性。根据高职院校实际，应立足于对教师进行发展性评价考核。权变激励目标在于管理者要求教师做什么、改进什么、朝哪个方向努力，将这些要求转化为可量化的指标，不仅关注结果，更关注过程，不仅关注教师收益增长，更关注教师的潜在竞争力提升。目标应符合“具体、可度量、可达到、相关、基于时间”的五项标准，针对不同层级，从素质、成果、教学三方面分别订立指标，合理确定不同层级指标的权重，通过定期书面报告、一对一面谈、正式与非正式沟通等方式，与教师就工作进展情况、潜在障碍与问题、可能的解决措施等持续不断地进行沟通，适时对绩效计划作出调整，考核管理要求随环境条件的变化而修正，在不断交流的基础上，维持双方宝贵的信任，提供教师所需要的培训、必要的支持，帮助教师提升实现绩效的能力，达成权变管理目标。这种因人因事而调整的权变激励手段，将是教师内在激励的一个重要法宝。

3. 以激发主观能动性为目的实行

国际高职教育体系已从封闭走向开放，走向综合化发展，而师资队伍建设历来是高职院校发展的重点工程，只有满足感逐步提升的教师，教育教学工作的质量和效率才能提高。处于职业生涯的不同阶段，教师会有不同的需求，随着个人的成长和时间的推移，个人愿景规划会慢慢发生改变。作为高知识性运行的组织，学院倘能充分考虑师资结构现实、高职教师劳动特点、教师的心理需求和期望，在一定的组织框架范围内，设计内在薪酬的弹性组合方案，内容趋于社会化、时代化，教师可以根据不同聘期自主修正组合方案，以满足个人和家庭特定需要，从而实现优势需求激励。

（二）提高高职院校教师的地位

高等职业教育是经济发展、科技进步的产物　在国外已有较长的发展历史。在我国，随着改革开放与现代化建设进程逐步加快，近年来，高等职业教育的发展业已成为社会各界广泛关注、引起热烈讨论的焦点问题。虽然在职业教育史上，人们一直致力于提高职业教育的地位，但在现实中，由于我国高等职业教育较研究型综合大学而言起步晚，发展的历程也经历了曲折和磨难，职业教育一直被认为是低层次、面向社会下层的教育。与普通高等教育相比，人们一贯以来认为“高职”低人一等。许多学生、家长情愿选择较差的一般本科院校，也不愿意选择能提供较好职业训练的高职院校。虽然近年来国家把高等职业教育提升到与高等教育发展同等重要的地位，但由于历史的原因和社会对高职的认知度不足，造成了职业教育的社会认可度不高，从而导致人们对在高职院校中从事教学与科研工作的教师的认同度和赞誉度不高，处于此种背景下的高职教师极易产生低成就感和失落感，随之职业倦怠便容易产生。

以上种种原因使得高职院校教师的社会地位并不尽如人意，我们从高职院校教师的工资待遇和高职院校教师的职业声望等两方面进行分析：教师的劳动价值是通过工资待遇来体现的，教师的工资待遇包括了社会给予教师的工资报酬和物质利益。然而，教师劳动属于一种复杂劳动，其创造的劳动价值明显高于简单劳动的劳动力价值。因此，单从教师劳动价值角度来看，教师职业在经济上的待遇应该比简单劳动职业者高。与过去相比，近些年来，教师的经济收入和待遇的确得到了明显的改善，但与社会其他行业比较，差距仍比较大，其收入水平与其劳动价值并不吻合或等值。

职业声望的高低主要是由职业环境、职业功能、任职者素质三方面因素决定，而职业环境越好，职业功能越大，任职者素质越高，职业声望就越高。

1. 高职院校自身建设尚存在诸多问题

我国的大部分高职院校都是在 20 世纪末才陆续兴办起来的，创办时间短，底子薄，在自身建设与发展过程中存在很多问题，如办学思路不够清晰，人才培养模式定位模糊，特色不鲜明；教学设施不完备，教育教学改革成效较低；教学条件比较差，政策、措施不配套；专业设置不够合理，理论和实践教学内容体系不能按照职业岗位和技术领域的要求来设置教学项目和组织教学，与行业、企业的需求严重脱节；师资队伍建设成效较慢，教师学历、职称层次、实践技能提升不够，师资队伍结构不合理；高职教育生源质量不高，学生文化基础和综合素质较低，等等，这些问题严重影响着高职院校的进一步建设和发展，也使得高职院校的教师缺乏一个强大的背景支持。

2. 高职院校内部管理体制仍较为落后

虽然从统计数据上看，随着近几年高职院校迅速发展，高职院校已占据了我国高等教育的半壁江山，但由于高职院校起步较晚，而且大多是由中专合并升格而来，在内部管理上，大部分沿用了中等职业学校的管理模式和方法，管理方法和手段比较简单、陈旧，同时，目前大多数高职院校还未进行收入分配制度的改革，较多院校仍实行平均主义的分配制度，相应的岗位、津贴和人事分配制度不够完善，落后的管理体制缺乏激励性，使得广大教师缺乏动力，教师成就自我和实现自我的需要无法得到满足，教师的劳动价值得不到很好的体现，使得教师在一定程度上缺乏成就感和幸福感，这也是导致高职院校教师产生职业倦怠的原因之一。

3. 促进高职院校与企业的共赢，深化产教融合

根据利益相关者理论，产教合作实际上是一种交易，行业企业支持应用型高校深化产教融合的动机是增加自己的利益。行业企业的产教融合动力取决于高职院校产品和服务的效用，高职院校所提供的产品和服务可替代性越强，行业企业深化产教融合的动力就越弱，从而出现利益不匹配的情况。因此，要实现校企利益的聚焦，高职院校必须降低产品（毕业生）和服务可替代性，提高产品（毕业生）和服务质量，降低交易成本，实现校企之间的内涵对接，使企业真实受益。

课证融合，既是专业课程内容与职业标准的对接，同时也是学历证书和职业资格证书的对接。通过校企合作一体化培养实现课证融合，更好地培养出符合企业岗位需要，且毕业即带技能证书的人才，可直接提高毕业生质量，降低企业的用人成本，实现校企双方的利益对焦。实现课证融合首选专业是需要从业资格的专业技术岗位。例如，广西某学院从投资与保险系的投资与理财、金融保险专业入手，通过将职业资格考证课程纳入人才培养的课程体系，加大学生到企业现场教学力度，校企合作开发岗位课程，聘请行业师资为学生讲课并直接指导等措施，使专业教学质量得到较大提升。

国务院发布的《国务院办公厅关于深化产教融合的若干意见》要求，职业院校必须强化产教融合“双师”型素质队伍水平，“鼓励企业管理人员和技术骨干担任职业院校校外师资，支持职业教育产业发达地区的学校设置企业导师（讲师）专项岗位。推动各职业院校和应用型本科院校通过校企合作、产教融合的模式与企业共建‘双师型’教师培养基地”。师资的互兼互聘、共建共享是保持学校师资水平始终与行业发展要求高度一致，提高企业岗位培训和继续教育水平，降低培训成本，聚焦校企利益的必然选择。

构建学校、政府、行业、企业的多边合作关系，形成协同育人合力，是高职院校产教融合实现的前提基础。高职院校应该以服务区域经济社会发展为办学方向，与地方政府或行业（系统）主管部门开展更紧密的合作，在他们的主导下，完善多边合作关系，形成协同育人机制，开展社会服务。当前经济转型升级对高级技能型人才提出了新的需求，基于此，无论是处在经济转型和产业升级前沿的各行业企业，还是国家到地方各级政府，都随着市场对区域产品和服务的新需求，给高职院校的人才培养提出了新的标准。这要求，高职院校、地方政府和当地行业、企业等主体必须构建平等互助的协同合作关系，通过构建合作平台形成合力，通过政府主导、校企共建等形式将各主体的利益需求进行聚焦，通过校企在政府指导下制定合作规则，通过签订合作协议的形式从法律上直接明确双方的权责内容，形成有效的多主体协同育人机制，最终实现以培养高层次技术技能人才为一致目的，行业、企业全程参与学校各专业人才培养方案的制定，核心专业课程的开发，共建共享师资和科研队伍，共建公用校内外实训基地，共同参与实训指导和完善质量评价机制等协同育人的目标。在具体实践当中，学校、政府、行业、企业等主体在资源共享的基础上充分沟通交流，通过合作平台和相关制度对具体事项进行科学规划和有效管理，最终形成深层次、紧密型的多元主体协同育人的人才培养模式。通过校、政、行、企协同育人，形成“产教融合、产学结合、校企互动”的良性循环，创造良好的产学结合氛围，达到专业对接产业，依托产业办专业的效果。

该模式的主要内容包括：通过与政府行业主管部门开展深入的“校政合作”，开展社会服务，使专业设置适应区域产业升级需要，实现专业设置与产业需求的对接；依托校政合作对接行业协会，通过与各个行业协会开展“校行合作”，引入行业力量，共同设置课改相关机制，依托行业引导将课程内容与职业标准进行对接；通过行业协会对接行业龙头企业开展“校企合作”，引入企业师资和实训场景，有效开展仿真教学，实现教学过程与生产过程的对接，同时提升毕业标准，加大职业能力培养，将毕业证书与职业证书对接；通过开展丰富的“校政行企”实践活动，强化学生的实践性和职业性，增强学生的学习主动性，实现终身学习和高效学习的对接，最终通过政府主导、行业引导、企业指导、学校教导的立体互通式的培养模式，构建学生从专业知识到职业能力，再到综合素养的有机结合，最后成为适应岗位需求的技术技能型人才。该模式将校企合作贯穿人才培养全过程，教学目标和教学内容紧贴产业和职业发展需求。通过订单办学以及对行业、企业的深入调研，明确企业的用人需求，在此基础上，校企共同参与课程开发。通过职业能力分析，以人才培养对接用人需求、专业对接产业、课程对接岗位、教材对接技能为切入点，深化教学内容改革；建立一支与人才培养模式相适应的“校企联合教学团队”参与教学，增强教学的实践性、针对性和实效性，提高教学质量，建设科学、校企共同参与的科学评价规则，引导行业、企业参与到在校生培养当中，实现校政行企自上而下“立体互通”协同育人。其中，提高学生职业能力方面主要包括 3 个层次：第 1~2 学期为第一层次，主要培养学生的基本技能。第 3~4 学期为第二层次，主要培养学生的专项技能。第 5~6 学期为第三层次，通过顶岗实习为主，主要培养学生在职业岗位上所需要的综合能力。在此过程中，积极引导学生参加银行业专业人员资格证、从业资格证等职业资格证书的考试，为上岗就业做好准备。积极引导学生参加推广志愿服务，各行业协会社会学习与实践活动，各合作企业实习项目等一系列活动，通过强化教学的职业性和实用性，达到学以致用、用以促学、学用相长的目标。

企业是以获取经济利益为目的的组织，它的一切行为都与企业的发展有一定的联系。

在建设“双师型”教学团队的时候，虽然企业提供了人力和资金，但企业的这些投入也会获得相应的回报。企业的技术人员进入教学团队之后，他们可以根据企业的需要来培养人才，并在教学中把企业文化、员工素质等带到职业技术学院中，职业学院的毕业生进入企业工作后可以快速地融入企业，企业可以省去培训的费用与付出的时间，企业技术人员还可以提前为企业选拔合格的人才补充到企业当中。因此，“双师型”教学团队的构建有利于企业的长远发展，企业的短期投入可以获得不可估量的回报。

二、完善高职院校“双师型”教师团队的制度保障

面对经济全球化、教育国际化的趋势，高职院校人力资源管理体系面临着巨大挑战。高职院校作为人力资源的培养基地，首先必须做好自身人力资源的管理。教师作为高职院校人力资源的主体，只有真正管理好这支队伍，才能提高高职院校办学效益和效率，提升高职院校办学特色。因而，运用人力资源管理理论对教师队伍进行管理显得尤为重要。“以人为本”的人力资源管理理念认为：高职院校的发展依靠教师，就要建立高效合理的“双师型”教师队伍培养机制。依靠教师 就应该按照高职技术技能型人才培养的要求，改革高职教师评审考核机制，以利于高职评审朝着高职院校发展规律开展。依靠教师，就应该建立健全合理的教师激励机制，引导教师不断提升高职教育能力。

（一）完善“双师型”教师团队的培养机制

目前，高职院校大多数教师是刚出校园便又进校园的高校研究生，缺乏长期一线企业工作经验的能手。他们学科教育的烙印较深，没有学习过高职院校办学理念，没有学习过高职院校教学方法。因此，加强校内专任教师“双师素质”的培养是建立一支素质优良、结构合理的专任教师队伍的保证。所以，从培养机制的角度出发，也就是从人力资源管理部门工作出发，可以从以下几个方面开展培养机制建设。

开展高职教育理念学习。采用请进来、送出去的方式学习国内先进的职业院校教育理念，学习职业院校教学改革方法，学习高职课程教学的整体设计和单元设计。分批将专业带头人、教学团队负责人、骨干教师送到国外学习培训，将国外先进的教育理念与高职院校实际相结合，改革专业课程体系和教学方法。

开展顶岗实践、横向技术服务工作。建立教师顶岗实践制度，利用寒暑假鼓励教师参加企业顶岗实践，并将其作为职称评定的必要条件之一，给予岗位补贴，将行业企业的新技术、新工艺与教学、生产紧密结合起来，提高教师技术服务能力和创新能力，开展横向科研工作。

加强学校教师和企业人员的交流。按照一个专业校内外两个专业带头人配置，聘请行业企业专家为校外专业带头人，聘请企业技术骨干为高职院校兼职教师；按照一门专业课程校内外各一位教师共同完成，聘请外聘老师指导实践性教学环节，从而使得校企双方共同建设“双师型”教师队伍。

专业教师参与和指导学生顶岗实践、技能竞赛，实施导师制。通过教师指导学生顶岗实践，开展校内外实训基地和实习单位的顶岗实践通过组织参加各类技能竞赛引导教师和学生共同参与，提高实践技能，并将竞赛、实习活动设计成实践性教学项目。通过一对一实施导师制，有计划地实施教师锻炼。

（二）改革“双师型”教师团队的评审考核制度

结合高职院校的特点，建立“双师型”教师职称评审制度：在职称评审时要考核教师的教学做一体化教学能力和教学改革课程改革成绩，适当降低科学研究理论研究成果比例，降低研究性论文要求，提高应用性论文在职称评审中的比例。在职称评审标准上侧重专业教师教学改革成果和专业技能成果，注重其各级各类教学成果的获得以及指导学生参加各类技能竞赛成果、学生素质教育成果，在论文的数量和层级上给予支持。对于科研工作应考核其应用性科研水平，注重校企合作服务区域经济能力，开展横向课题研究，转化成校内教学改革的成果。

目前，我国高职教育的评审考核制度过于形式化，许多高职院校未能根据自身特点与实际情况制定考核内容，对教师实用型论文及学术成果考察较少，对于教师的创新意识和能力也疏于关注；同时，高职院校对于表现良好的教师未能采取科学的奖励措施，使得教师对于评估考核不够重视，缺乏向“双师型”发展的动力。另外，现阶段高职教育教学考核制度较为传统，无法适应市场用人标准及社会需求。一方面，未能有效引导学生参与考核工作，难以从学生视角发现高职院校教师在“双师”素质方面存在的不足；另一方面，未能引导院校领导、院系领导、同行教师等相关利益者参与考核工作，难以对高职教师的教学工作进行全方位考察，无法客观反映教师的教学成果及“双师”素质，更无法针对教师“双师”素质的提升提出合理建议。

改革教师评审考核制度，促进“双师型”教师队伍健康成长。高职院校要根据自身发展特色，制定完善的“双师型”教师职称评价体系，即科学合理地审核教师的教学水平以及阶段性教育改革成果。高职院校要根据教师队伍发展的实际情况，调节研究型论文的标准，增加实用型论文在审核体系中所占的比例，将教师在专业学科教学方面的创新举措以及取得的学术研究成果作为职称审核的重点，对教师培养的学生进行综合素质评价。对于发表论文数量较多、教学质量较高的教师，院校可给予一定的奖励。

创新教学考核制度，促进“双师型”教师队伍专业成长。高职院校要想保证人才培养质量，就必须不断深化教育改革，而教育改革的重点环节就是考核制度的改革。创新教学考核制度，目的是促进学生更好地掌握课堂所学知识技能，同时提高教师的教学水平和创新能力。一方面，学生是高职院校教师教学服务的直接受众，对于高职教师的教学工作具有重要的话语权。高职院校可以给予学生一部分考察权，由学生参与课程评价来反映高职教师的授课质量，对教师在理论和实践教学中存在的不足提出意见，为高职教师提升“双师”素质提供指导依据。另一方面，为了保障教学考核工作的全面性，高职院校还要建立多元化的评估小组，增加院校领导、院系领导、同行教师等相关利益者的参与，对高职教师的教学工作进行全方位考察，客观反映教师的教学成果以及“双师”素质，并针对如何提升“双师”型素质提出合理建议。

三、建立健全“双师型”教师团队的激励机制

构建符合高职院校“双师型”教师脱颖而出的工资福利体系，在收入分配上坚持向专业带头人和教学团队负责人倾斜，向“双师型”教师倾斜。

运用相应补贴，对寒暑假期间到企业顶岗实践的教师给予岗位津贴等补助，引导专业教师积极参加顶岗实践，加强与企业的联系，深入企业岗位实践锻炼，切实提高操作技能，营造教师安心、倾心从事职业教育事业、静心育人的良好氛围，从而保证学校教师队伍的稳定性。

学校鼓励专业教师深造，特别是鼓励教师参加实践性项目，鼓励专业教师作为访问工程师到企业锻炼，并对访问给予岗位津贴 为“双师型”教师发展打开上升通道。

不拘一格降人才，根据各个高职院校办学特色和教学团队建设的需要，通过向校企合作行业企业和社会公开招聘、引进等方式，适当降低学历层次，引进或聘用生产一线实践经验丰富的专业技术骨干。

学校专门拿出经费鼓励教师参加各种学习和职业技能培训，为教师参加高职教育和实践锻炼营造良好的氛围，鼓励教师参加各种学习培训，并在经费上予以支持。鼓励专业教师参加技能等级培训，如高级工、技师、高级技师等职业技能等级培训，参加考评员、高级考评员培训。

制定政策，为“双师型”教师发展提供保障。在各类评优评奖中，优先考虑“双师型”教师，在物质激励的同时，给予精神激励，使“双师型”教师有强烈的成就感。同时打开“双师型”教师发展通道，为“双师型”教师职业发展提供更多的上升空间，促进教师主动发展。

四、强化科研激励机制，提高“双师型”教师团队的科研水平

（一）政策激励，提高“双师型”教师团队的科研动力

我国大部分高职院校科研水平不高，学校应采取一定的政策措施来激励科研人员主动从事科研工作。第一，在技术职务评聘中，注重教师科研成果的贡献率，择优推荐申报职称评审。采取解聘、缓聘、降级聘任的办法，考核已聘任但没有开展技术服务和成果转化等应用性科研工作的教师，使教师主动开展有高职院校特点的科研工作。第二，对“双师

型”教师的科研活动给予一定的项目经费奖励或对从事应用性科研工作的“双师型”教师给予课时工作量，多渠道鼓励高职院校“双师型”教师开展科研实践。第三，项目支持。学校立项并提供经费资助科研项目，让“双师型”教师积极申报校级科研项目。加强科研项目管理，对项目的研究过程和成果进行鉴定考核评选，对科研工作优秀者进行表彰奖励。第四，区别对待激励力度。一般来说，高职院校的科研激励主要包括：纵向项目和横向项目（对于高职院校更要鼓励教师开展横向项目），公开发表的优秀论文、专著专利和教材，教学科研获奖成果等。

就激励力度而言，不能太低，否则就达不到有效的激励作用。从某种程度上说，激励的力度应该与各个高职院校科研水平成反比，年轻的高职院校科研基础较弱，激励力度更要大，充分激发“双师型”教师科研工作的积极性。

（二）深化产教融合，拓宽科研资金来源

科研基础设施是开展科研工作的物质基础和保障。高职院校在保证教学实训设备的基础上要加大对科研设备和竞赛设备的投入力度，让“双师型”教师开展科研工作有必要的条件支持。高职院校在技能培养上进行的设备投入都比较大，但在科研设施的投入上存在分歧，如果科研工作没有基本投入，那么高职院校科研工作的职能便是无源之水。高职院校的发展为地方作出了较大贡献，所以应积极争取地方对学校的重视和投入力度：一是争取地方政府财政的投入资金力度，同时积极申报各类省、市级纵向科研项目。二是依靠高职院校积极推动产学研合作办学，积极获取相关行业领域的研究基金开展横向科研。三是校内搭建师生创业科研平台，通过引进小微企业、学生自主创业、教师团队研究所，鼓励“双师型”教师参与到这些平台中来，为小微企业技术创新产品研发提供服务，为学生创业提供技术指导，学校鼓励成立与本专业相关的研究所，组成科研团队，扶持鼓励研究所与企事业单位开展横向科研工作，对于技术难度较大的科研项目，鼓励科研团队与其他高校和企事业技术骨干共同开展科研攻关。这些“落地式”的科研工作：一方面为“双师型”教师科研能力的提高起到积极的推进作用；另一方面也为教师实践技能锻炼提供了机会，为高职教学工作带来了鲜活的案例，提高了教学效果。

第三节　产教融合下实训基地对“双师型”教师团队建设的赋能

关于实训基地建设价值、类型以及“软硬件”资源的探讨有助于帮助我们认清实训基地建设关键的几个基本问题，也有助于我们发现不足及时寻求解决思路。本部分将会对这几项基本问题已有或可能出现的缺点进行针对性解决，或者以前文中对基本问题的研究为启示，探寻出实训基地建设的合理策略。

一、实训基地建设的价值生成，助力“双师型”教师团队建设

建立价值平衡机制是价值生成的制度保障。在实训基地建设过程中，各建设主体的价值取向也不一致。实训基地建设中会出现不同的价值取向，是因为各建设主体面对或处理合作中的各种矛盾时表现出不一样的价值诉求与倾向。之所以会有不同的价值取向，是因为在实训基地建设过程中，建设主体的环境因素不同，合作立场不同，利益目标不同，这些都造成了建设主体的矛盾冲突，形成了不同的价值取向。换句话说，实训基地是拥有不同价值取向的主体之间合作的产物，实训基地采用何种模式以及如何运作是利益相关者相互作用的结果，实训基地价值的生成是利益相关者之间互动的结果，是不同价值取向由不相协调到相互靠拢的一个变化性的调节过程。

建立有效的价值平衡机制，促进价值生成的实现。在实训基地建设过程中，建设主体在面对和解决各种矛盾冲突时表现出了不司的价值立场与价值倾向，尤其是校企双方。学校始终遵循的价值取向是实现教育教学任务，改善学生的专业知识结构，提高学生的实践动手能力，提高毕业生就业率，提高办学效率，赢得社会的认可与支持。企业以实现利益最大化为价值取向，开发产品，提升服务 提高企业竞争力，抢占市场先机。只有通过价值平衡途径方能推进建设主体进行高效的合作发展。建立价值平衡机制首先必须承认建设主体不同的价值取向建立妥协机制；然后以此为平台，成立一个协调各方建设主体矛盾的中介，形成调停机制；制定合理有效的制度来维持这种平衡，形成合作机制，并且这种机制需要得到各方主体的认可，建设主体也要积极遵循。

完善相关法律法规，为实训基地的价值生成提供良好的法制环境。实训基地建设是高职院校、政府与各行各业等建设主体一起参与的动态发展过程，各方的价值取向呈现差异性、体系性与发展性的特点。必须建立有效的法律法规，保障不同参与主体不同价值取向的实现，如此个体差异性的实现才能保证实训基地整体功能的发挥，从而保证实训基地价值的有效生成。另外，还要通过法律政策等途径体现主体价值取向的动态改变，作出及时调整与反馈，这样实训基地才能及时掌握信息，适时调整价值平衡机制。

（一）建设多类型实训基地

我国要建设多类型的实训基地，不同的高职院校要采用适合本校的基地模式，从而推进高职教育的发展。在四种实训基地中，教学型与教学生产型主要集中于校内，而生产型与生产教学型主要集中于校外，因此，我们从校内与校外两个角度来探索实训基地建设模式的有效策略。

1. 校内教学型实训基地建设策略

首先，校内教学型实训基地要有总体的规划与管理。我国教学型实训基地主要是由学

校作为主体来兴办的，因而高职院校要总揽全局进行规划，对实训基地的建设进行整体布局，使学生在接受一般性基础技能训练的基础上，其创新精神也得到一定程度的启发，进行创新性研究。对高职院校校内教学型实训基地的管理应以实训中心为核心，进行基地的总体建设、教学活动的安排等。实践教学的管理要突出实践性和时代性，建立实训教学监控体系，对实训进行过程控制，对实训教材实用性进行实时监督，如此才能充分实现这种实训基地模式的实践教学功能。其次，完成专业与职业之间的衔接。校内教学型实训基地要实现专业与职业之间的对接，打破专业与职业不对口的局限性。该实训基地要尽可能弥补企业无法参与的不足，其建设应有高度仿真性，按照企业的生产流程进行实践教学，贴近行业生产与服务，开展模块化教学，使各项任务与完整的工作流程有机结合。因此，校内教学型实训基地要以类似公司运营的方式管理，真实、完整地营造实训环境。这种实训基地模式要努力实现实践工作的完整性，实现现场操作专业与市场职业的对口衔接，这样才能真正完成其实践教学的任务。再次，校内教学型实训基地要自力更生。合理进行资金投资，充分利用现有资源，避免造成资金与资源的不必要损耗。此类高职院校要发掘现有实训资源的价值，例如，很多高职院校都是由原来的中等职业技术院校升格而来的，这些院校都有比较好的实训办学条件。高职院校要在最优化使用实训资源的前提下，通过较少的投入更合理地建设实训设施设备，改善实训基地的办学条件，提高学生的教学实践能力，完成此类实训基地类型的教学任务。最后，校内教学型实训基地在自力更生的基础上，要争取投资方式的多样化，实现可持续发展。因为实训基地的建设需要一定的时间才能完成，在基地建设伊始就已经投资购买实训设备，在基地完成建设后，实训设备便会不可避免地有一定程度的陈旧与落后。这些设备随着日后的不断重复利用将会逐渐被淘汰。这样的情况就需要进行基地的再建设，投资方式的多样化便迫切需要解决，实现这个目标的途径之一是吸引企业的资金投入，通过校企结合的途径，与企业共同负责实训设备的更新。另一条途径是高职院校要有“自我造血”功能，产学研相结合，自产自销，改变单纯“输血”式的模式。

2. 校内教学生产型实训基地建设策略

首先，实现校内教学生产型实训基地的生产性。校内教学生产型实训基地除了要有总体的规划管理外，尤其还要保证其生产性，发挥该模式的独特优势。要实现高职院校产业化，改变实训基地在资金与技术等方面的被动状态，实现可持续发展。实现校内教学生产型实训基地的生产型特点，应以市场经济为导向，适应社会转型期对高技术应用型人才的渴求。对于设施设备先进、技术含量高的实训基地，高职院校应当给予鼓励。此外，高职院校要改变单纯依靠政府所拨教育经费建设实训基地的局面，形成“自我造血式”的管理模式，由只支不收转为收支相当，即由高职院校纯投入转为投资与收益并举，如此高职院校便能“自负盈亏”，服务于实训基地的再建设与健康持续发展。为了保证这种实训基地模式的生产性，高职院校应当实行类似企业的经营管理模式，制定类似的条例、规章制度。例如，对类似于企业员工的学员进行奖惩，学员若在规定时间内完成生产或服务的任务，并且创造性地研发出新产品，实训中心要给予学员或研究小组奖励，鼓励其继续发挥创新精神，为基地发展做贡献；而针对那些不思进取、无视实训的学员，必须对其批评和惩罚。校内教学生产型实训基地要勇于创新，找准市场入口，在激烈的、优胜劣汰的市场竞争中接受市场的检验。采用网络媒体、广告等手段进行宣传，以品牌效应扩大高校实训基地产品或服务知名度，寻求市场的认可，实现“以产促学、以产养学”的良性态势，真正做到产学结合。

其次，要发挥校内教学生产型实训基地的“运行”载体功能。这种实训基地教学型与生产性结合的特点是高职院校和企业信息结合的纽带与桥梁。该模式下的实训基地调研人员能够获取市场信息，了解行业企业的发展动态与人才需求信息，然后再把这些信息反馈到教学活动中去，促进教学改革，提高教学质量。适合市场需求的高效教学成果不仅应用到实训基地自身的生产与服务中，同时将它输入到企业中，继而转化为企业的生产力，开发出适合市场的产品。

3. 校外实训基地建设策略

首先，在校企合作建设校外生产型与生产教学型实训基地中，高职院校要选择合理的企业作为合作对象。高职院校在选择合作企业的过程中要独具慧眼，在相关专业领域，拥有先进实训条件和高端技术的企业应成为首要选择的合作目标。鉴于企业发展的区域性，合作企业的选择应考虑到不同地区企业的发展水平，只有满足一定条件的企业才能成为校企合作的企业主体，只有具有一定规模并且掌握先进高端技术的先进企业，才能满足实训基地建设中对实体资源即实训场所的需求，同时也才有资格提供有效的内部资源。在选择合作企业时要以坚持实训条件的先进性为原则，扩大搜寻范围，沿海地区与内陆地区相结合，大城市与小城市相结合。其次，积极推广，提升企业参与的积极性。高等职业教育的宗旨是为地方经济服务、满足地方经济需要。因此，从高职院校自身角度考虑，加大职业教育推广，让全社会了解高等职业教育在推动地方经济发展中的关键性作用，尤其是让更多的企业认可高等职业教育，这样才能让企业积极主动地参与到推广和宣传职业教育当中去，变被动为主动。同时，高等职业院校知名度极大提升后，地方政府也会给予其更多的支持，参与到实训基地的投资建设中，或间接通过财政等经济手段鼓励企业，间接对实训基地建设进行投资。最后，要开发校企共建实训基地多种专业的实训功能，满足高职院校多专业的实训场所诉求，在确保实训基地生产开发和服务的基础上提高实践教学质量。校企共建生产教学型实训基地不应该只满足一个专业的使用，而应该发挥它的多专业功能，做到一个专业开发，多个专业受益。很多高职院校的专业虽然不一样，但它们的实训基地可以联合建立。例如，针对计算机专业的实训基地，高职院校应与大型的计算机公司合作共建实训基地，同时计算机公司也是一个企业，需要企业管理，同样的实训基地也能对管理类专业学生进行培训。

（二）完善实训基地制度

要实现共同管理制度，高职院校实训基地建设走利益均衡化道路。实训基地制度的制定是高职院校、政府与企业行业等利益相关者互相妥协的结果，多方建设主体的利益关系影响实训基地制度的制定与实施。反之，实训基地制度约束着各方建设主体。目前，基地建设主体之间尚未构成均衡化的局面，高职院校与行业企业没有建设和管理的决策权，利益的不均衡化导致实训基地的建设无法由各方建设主体的共同管理，因此，要改变只有政府是基地管理主体的局面，高职院校与行业企业也应是管理主体，实现多元主体管理，并担负起与各自角色相应的职责。政府加大对实训基地建设的资金投入，高职院校与行业企业应努力建立健全管理制度。在制定相应的管理制度时，要明确参与者的权利、责任与义务，实现资源的整合与优化配置。加强实训教师管理制度建设，制定《实训教师管理条例》，对教师的专业知识能力、实践教学能力、教师素质等作出严格的规定；制定《学生管理条例》，明文对学生的责任义务、言谈举止等作出规范；制定《实训教学管理条例》，对实训教学计划、教学目标、课程安排与成绩考核等作出规定；制定《实训工具管理办法》，确保实训实习设备的合理有效利用；制定《安全操作制度》，保证实训活动的安全性。在制定实训基地制度的过程中，政府要通过合理的政策举措引导、促进实训基地的稳定持久发展。政府要充分发挥经济政策优势，加强对实训基地建设的资金投入，在经费上给予支持，把实训基地的建设经费列入财政预算，为实训基地的建设提供资金保障。政府通过一定的税收优惠政策等号召各行各业积极加入实训基地的建设中，组织一系列企业职工培训工作，加快校企合作的步伐。

（三）完善实训基地课程建设

首先，设置综合实训课程。课程一般都是围绕某一学科知识，而综合实训课程则是一种新型的实训课程模式，是对专业理论知识、实践技能以及职业素质进行综合训练的课程。设置综合实训课程要以社会需求为主，根据企业不同的职业能力要求安排实训课程。

其次，开发综合实训课程教材。综合实训课程以培养学生的综合实践技能为主要目标，课程的实践性与专业性比较强，因此，教材的开发除了要注意课程的综合实践性外，还需要实训教师参与到社会生产与服务一线，以社会发展的需求为导向，以企业职业能力的提高为要求，开发综合实训教材。教材的形式除了传统的纸质教材外，还可以开发电子类教材，以便根据社会需求的变化作出适时的调整。

最后，健全实训课程评价体系。第一，在建立实训课程评价体系时，要考虑高职教育与普通教育的区别，不同院校专业设置的差异，以及学生年龄结构、兴趣爱好的不同。第二，评价体系除了要遵循共性的标准外，还要有一定的灵活性。评价体系下的评价指标不能成为实训教师与学生发挥创新能力的束缚，要依据个性适时调整实训课程的评价标准。

第三，评价内容要以市场的需求为依据，按照企业岗位的职业能力要求确定评价内容。第四，要有多个评价主体。普通教育课程评价体系以教师评价为主，学生只是单纯处于被评价的地位，实训课程评价体系要把教师与学生都作为评价主体，从而体现评价体系的公平性。

二、实训基地建设推动“双师型”教师团队建设

“双师型”教师需要具备多种能力。要掌握扎实的专业理论知识与实践技能，除了专业对口的学历证书外，还要有相应的职业资格证书。能够编撰实训教材，进行实训课程设计，制订实训教学计划；要有优秀的社会交往能力。不仅可以和学生构建和谐的师生关系，指导学生参加社会实践活动，还可以与企业管理者构建优良的协作关系；提高管理能力。首先要拥有班级管理能力，完成正常的班级教学活动，其次还要懂得企业管理，在实训教学中，可以充当企业管理者的身份，在高度仿真的实训氛围中，提高学生的职业技能与岗位适应能力。

（一）在企业中吸引“双师型”教师加入团队

在高职院校中，有实践教学经验的教师非常稀缺，企业中掌握实践技能的师傅可以成为实训教师的来源之一，从而丰富实训师资队伍。另外，来自企业的师傅对本校教师产生了潜移默化的影响，使他们认识到自身劣势，增强了危机感，激发了他们学习实践技能的紧迫感。在本校教师与企业师傅交流学习的过程中，各自的实践能力或者专业知识水平都会有所提高。例如，高职院校安排教师与师傅共同管理班级，实行理论实践一体化的教学模式，互学互助，共同进步。

（二）通过实训基地推动校内培养“双师型”教师

在我国高职院校的实训基地中，实训教师需要不断内化新知识、增进专业能力、改善工作状态、提升职业道德，这个过程称之为“教师专业发展”。教师专业发展本质是改善教师队伍的质量，加强职业的专门化程度。高职院校应当成立实训教师专业发展组织，即“校本教师专业发展共同体”，提供实训教师提高实践能力的充足机会，鼓励其提高自己的实践教学水平。校本组织首先要提高实训教师进入的门槛，在学历、知识、实践能力、教师素质等方面严格把关；可以组织专业知识讲座、培训以及知识竞赛等提高教师素质，改善师资队伍；通过工资上调等方法鼓励教师提高学历级别；开展有效的绩效考核。奖优罚劣，对教师起鞭策作用。

同时，强化校内教师平台，呈现梯队性建设。实训教师的职称与操作技术要呈现一定的梯队性，即层次的递进。例如，实训教师的职称级别设立助理级别、实验师级别以及高级实验师级别，关于评定操作技能的级别设立初级、中级、高级、技师以及高级技师。为实训教师提供梯队性的级别平台，可以激发他们成长的动力。

三、加强实训文化建设，推动“双师型”教师团队软实力提升

实训基地的建设是高科技时代对高职教育质量提升的要求，实训文化是实训基地建设活动的产物，因此实训基地文化体现时代性。实训基地文化要顺应经济的发展、科技的进步、市场的需求与企业的渴望，与时俱进，保持与时代前进的同步性。实训设施设备要及时更新换代，改造或废弃陈旧设备，引进先进的设备为实训教学提供高度仿真的实训环境，构建先进的物质文化。实训制度、实训师素质、学生实训意识等都要以时代的发展为依据，顺应时代发展潮流，保证实训精神文化的先进性。

在实训基地文化的建设过程中，各个主体与学生行为规范是促进实训基地文化发展的重要因素。政府作为实训基地制度的制定者，要以为人民服务为宗旨，以实训基地建设者与学生的利益为出发点，发挥政府的“公仆”形象；企业是实训基地建设的重要利益相关者，企业形象与企业中人员的行为规范对实训基地建设是否能顺利进行影响颇大；职业院校作为非营利社会组织，要以“公益性”作为办学原则，以此来规范其办学与管理行为；学生进入实训室要有良好的言谈举止，勤奋实干，努力学习实践技能。“双师型”教师在实训教学中，要做到以身作则，言传身教。

完善实训制度文化，为实训基地文化提供制度保障。在实训基地建设过程中，实训基地建设流程需要实训实习规章、实训设施管理、档案管理、操作制度等规章制度来规范。以文化的角度审视制度，把制度与文化融合起来，制度文化的缺陷会严重影响实训基地文化建设，比如，管理制度不合理，会导致管理人员无责任心，影响实训室的管理质量，不利于实训教学的顺利开展，导致实训基地文化建设整体水平低下。完善实训基地制度文化有助于营造良好的教学环境，为实训基地的文化建设提供制度平台。

四、加强实验实训室建设，有利于“双师型”教师团队专业化建设

经济的快速发展、产业结构的优化升级使实验实训室的建设面临更严峻的挑战。目前，实验实训室的数量已经有一定的规模，质量建设成为当下之急。实训基地建设主体要以质量为理念，合理分工，提高建设效率，追求实训室的内涵式发展，改变以往外延扩张的局面。提高实训室的建设质量，可以通过改善实训设备质量、提高实训教师素质、提升教学质量、加强实训室管理等方式实施，以质求胜，促进实训室的长久稳定发展。

在高职院校实训基地的建设过程中，高职院校、行业企业与政府都是建设的主要参与者。然而，不同的建设主体有不同的利益诉求点，这就导致了在实训基地的建设过程中会有众多的利益分歧点，在实验实训室的建设与使用方面会有众多的矛盾，实训基地建设委员会的成立是调解各部门矛盾的重要途径之一。建设委员会的成员应当包括高职院校、行业企业与政府的专业人员，他们共同有效地管理实验实训室，促进实训室的持久健康发

展，发挥其在实训基地中的作用，保障高职教育实践教学的有序运行。

实训室建设委员会应着手以下几个方面：在遵循实训基地核心价值目标的前提下，对实训室的建设作出整体的规划与实施方案，提出合理的建议；对实训室设施设备进行合理采购与管理；为实训室寻找并推荐企业技术人员进行授课；对实训设备的建设质量进行全方位监督。

实训室指导委员会的工作职责及工作方式可以通过制度的形式予以规范与保障，可以定期举行调研活动，并通过召开委员会会议的方式对实训室建设的现状与问题予以讨论，对参与实训设备建设的各个部门的工作情况进行总结与分析，并做出相应的工作调整。

进入21世纪以来，我国越来越重视职业教育，国家教育部门更是把职业教育作为发展重点。为了持续推进我国职业教育改革，不断提升职业教育的吸引力，更加有效地实施校企合作、产教结合，就必须从根本上解决阻碍我国职业教育发展的“瓶颈”。所谓的“瓶颈”，是指现阶段制约我国职业教育发展（速度、规模、质量等）的环节性因素。实践表明：制约我国职业教育发展的首要“瓶颈”就是职业教育实训基地建设如何能够健康、稳定与可持续发展的问题。对于职业院校来说，该难题的表现最为明显。毫无疑问，对职业院校实训基地建设的基本问题展开深层次理论探究有助于从根本上搞清职业院校实训基地建设健康、稳定、长久发展的问题。

职业院校实训基地建设的基本问题，应是贯穿实训基地建设发展始终的一条线索，只有明确了这条线索，才能对实训基地建设有更进一步的后续研究。本书正是在国内外研究的基础上，遵循基本问题的研究规律，对实训基地建设的价值、类型以及资源进行了分析，并提出了实训基地建设的一些实用性策略，希望对我国职业教育的发展作出一定的贡献。相关专业能力的不足以及时间的有限导致了关于实训基地基本问题的探究还不全面，层次也不够深入，有许多不足之处，需要更多的探讨。

第七章 产教融合下实训基地管理提升策略

第一节 建立深化校企合作长效机制

随着实训基地的数量越来越多、规模越来越大，对其进行科学有效管理，创建中国特色产教深度融合的实训基地管理模式势在必行。

一、转变政府职能

提高我国产教融合型实训基地的管理水平的第一步就应当转变政府职能，由注重“办”实训基地向“管理与服务”过渡。政府主要负责规划战略、制定政策、依法依规监管。建立起多主体协调议事机制，在实训基地管理委员会的领导下，通过定期组织合作主体协商会议、不定期召开实训基地重大决议研讨会议，建立以专业为主体的基地运行情况调研制度等方式，让合作主体间进行及时有效沟通，确保各方对实训基地的建设与管理能充分参与。

然而建立合作主体的互融统合机制，基于合作主体间利益诉求有所不同，体现在基地运行中教学与生产之间难以“合二为一”，此时，我们需要政府在其中发挥协调与监管职能，帮助实训基地的管理和运行，使各合作主体加强彼此之间的连接和沟通。

（一）协调职能

首先，政府应发挥统筹协调作用，着眼于职业教育实训基地的发展需求，全面调查实训基地建设情况，科学预测实训基地未来发展趋势，对实训基地共建的布局规划、选址建设、功能定位等进行统筹安排，对实训资源进行宏观布局，发挥好政府在实训资源配置中的指导性作用。

其次，政府应注重更好地发挥在实训资源配置中的决定性作用，建立多元化主体共建联席协商会议制度，经常性地组织开展实训基地共建的工作协商，沟通信息，通报情况，解决问题，确保共建各方能充分参与进来。实训基地共建的利益相关者，包括教育、人社、财政等政府部门、职业院校以及行业企业代表，就区域内技术技能人才的供求现状、实际培养情况、未来人才的需求等进行充分交流，深入探讨实训基地共建的可持续性、对实训基地共建进行规划、协调、深化。

（二）监督机制

实训基地共建的顺利完成离不开有效的监督约束机制。

首先，基地应建立共建审核制度。由实训基地共建的牵头单位负责制订共建方案，方案包括实训基地合作共建需要的外部条件、合作方式、合作内容、资产管理等内容，之后由相关部门成立共建方案审核小组，对共建方案的实施条件、具体举措、保障措施等进行审核。

其次，要规范实训基地共建专项资金使用。各政府部门应联合出台实训基地共建专项资金使用规章制度，主要包括建立财政专项资金预算制度、完善财政专项资金管理办法、建立财政专项资金绩效评估机制、建立共建项目优胜劣汰退出机制。

最后，要明确各共建主体参与实训基地共建的权利与义务。政府应在充分听取共建各方的意见基础上，制定相关的法律法规，还应负责协调共建各方的利益，通过双方的协商与沟通后，签订实训基地共建协议书，协议书中应明确共建各方在经费、设备、人员、场所投入等方面的义务，以及享受的使用权、所有权、利益分配等权利，根据参与方自身投入的财物比例，对实训基地的收益按比例进行合理分配，制定强制性条款确保共建各方严格执行。

二、深化校企合作

企业应当发挥市场需求主体作用，有条件的企业特别是大企业应当积极创办或参与高质量的实训基地。学校要和企业、行业形成利益共同体；学校专业建设、课程建设要与行业发展、企业岗位需要对接，注重学生实践能力培养；学校教师和学生要真正走出校园，走上社会，深入企业，顶岗实践。

（一）企业层面

作为现代企业，要强调履行社会责任。企业不能只是为了盈利，只为了盈利的功利思想会导致企业在人才培养方面没有责任意识，在校企合作方面没有主动性和动力。校企融合在现在看来只是高等职业院校单方面的热情，远远不能满足高等职业院校培养人才的基本需要。建议企业应该承担更多的社会责任和义务，参与到职业教育办学中来，让更多的企业成为职业教育的办学主体，让企业过剩的产能得以有效利用，建立起校企深度合作、协同育人的长效机制。

（二）学校层面

职业院校现在作为培养高素质技术技能人才的主体更应该积极探究职业教育发展的规律，不断调整自身的发展方向，彰显设置专业服务产业属性，努力突出办学特色。

职业院校的校长应是职业教育方面的专家，有明确的办学方向和先进的办学理念，能够探究职业教育发展的规律，引领职业教育和国家经济社会发展的需求相适应。明确职业教育和普通高等教育的不同，从而在人才培养方面更能和职业岗位相结合，从而彰显行业和职业特性。

职业院校的中层领导，特别是系、部的领导是整个职业院校的中坚力量。人才培养是一项团队工作，单纯依靠一个领导人或教师的个人能力都是不科学的。职业院校的系、部中层在组织教学、科研中起着至关重要的作用，特别是在专业设置方面。所以，中层领导更要有彰显行业和职业特性的意识，只有如此，才能培养更多符合市场、企业需要的优秀高素质技术技能人才。

一线教师直接面对学生，课程建设的任务主要由一线教师承担。学校的人才培养理念能否实现，培养的学生能否适应市场的需要，主要依靠一线教师的课堂教学、教材建设、实习实训环节等方面的作用发挥。教学是否贴近实际岗位工作要求，学习领域是否贴近工作领域，要求一线教师要有彰显行业和学科个性的意识。关注人才培养模式的新变化，不断调整教学方式和教学内容。培养更多适应国家经济转型、产业升级发展需要的高素质技术技能人才。

职业教育的发展要符合职业教育的发展规律　也要符合人才成长发展的规律。要不断提高认知水平，加深对职业教育规律的认识和把握，深化改革，乐于实践，贡献智慧，提供经验，为加快建设中国特色的现代职业教育体系贡献力量。

三、建立长效机制

合作建设产教融合实训基地，是校企合作人才共育的有效途径，实现互利共赢是合作的长效机制。实训基地建设的创新，离不开良好的法治环境和政府相关政策的支持，更离不开作为主体的学校与企业的参与和支持。

（一）构建有约束的企业利益保障机制

企业的根本目标是追求经济利益最大化。职业院校实训基地建设能否可持续发展，主要取决于合作后企业能否产生良好的经济效益，因此，需要建立企业利益保障机制。

第一，设立政府奖励基金。对积极参与校企实训基地建设的企业进行认证并给予一定的奖励：一方面是对企业在实训基地建设中承担相关责任和义务的费用与风险的补偿；另一方面也表明政府的态度，对社会起引导作用，对企业而言则是一种宣传，对调动其积极性起积极作用。

第二，完善经济激励机制。制定科学、可量化的实训基地教学质量评估标准，规定严格的实训基地教学质量评价程序，对实训基地建设进行全方位的有效评估，对达到一定标准、积极参与校企合作实训基地建设的企业，实行适度的税收减免和优惠政策。

第三，保障人才优先供给。通过校企共建实训基地，企业可以源源不断地获得高技能优秀人才，企业还可以根据需要，采用订单培养、现代学徒制等方式培养“工程专家”和“技术能手”，获得企业所需的高技能人才。

（二）构建学校良性的运行保障机制

首先，学校要基于企业的产品或项目，借助实训基地平台，主动承接或实施，形成双方的结合点；基于企业的“工程专家”和“技术能手”，实现教师（师傅）互聘，弥补职业院校“双师型”教师不足的问题；基于企业真实的职业环境，营造浓厚的实训职业氛围，提高学生的职业技能和综合素质。

其次，利用职业院校的教学、科研、品牌等优势，通过拓展社会服务功能等创造经济效益，培育实训基地“造血”能力。

最后，学校要集中有限的财力和物力，重点保证共享性强的实训基地建设，充分利用职业院校现有的实训设备和设施，通过新建、扩建和改建，将实训基地做大做强，形成规模，成为开放性的区域实训基地。

（三）成立产教融合实训基地共建工作委员会

职业院校产教融合实训基地规范有序高效运行，成立协调和管理实训基地工作委员会，通过制定章程或签订协议赋予和保障委员会的法律地位，是改变实训基地管理水平不高、校企合作不紧的现实需要。

第一，委员会成员应该由政府部门有关领导、参与产教融合实训基地建设的职业院校及行业、企业的负责人组成，下设秘书处，由各职业院校分管领导担任秘书长。秘书处每年由各成员单位轮流担任。

第二，制定与完善促进产教融合实训基地建设的运行管理机制，起草审议《产教融合实训基地管理暂行办法》《实训基地管理规章制度》《实训基地仪器设备管理制度》《实训基地安全管理条例》等有关制度，组织和指导职业院校产教融合实训基地的管理工作，使实训基地建设与管理工作有条不紊。

第三，对参加产教融合实训基地的职业院校及专业设置情况实施调研，了解院校的详细情况，同时对参与实训基地建设的企业进行调研，明确企业对人才培养的需求。在此基础上，基于相关院校和企业，积极开展实训基地建设标准、专业设置标准、课程体系标准、实训教材标准等方面的研究与制定工作，为提升参与建设职业院校和企业核心竞争力助一臂之力。

第四，讨论、协调产教融合实训基地建设中出现的重大问题，维护实训基地有效运转，并做好新成员的吸收工作。

第五，做好职业院校产教融合实训基地教学质量评价和教学质量监控信息反馈，不断改进实训基地的管理工作，促进实训基地建设的规范化、科学化、效能化。

第二节　打磨凸显实训基地高等性

一、明确人才培养的目标定位

《国务院关于印发国家职业教育改革实施方案的通知》中提出，牢固树立新发展理念，服务建设现代化经济体系和实现更高质量更充分就业需要，对接科技发展趋势和市场需求，完善职业教育和培训体系，优化学校、专业布局，深化办学体制改革和育人机制改革，以促进就业和适应产业发展需求为导向，鼓励和支持社会各界特别是企业积极支持职业教育，着力培养高素质劳动者和技术技能人才。

我国以劳动力价格低廉的优势占领了国际代工市场，成为制造业大国。但是，我国大多数产业技术水平低、模仿他人，缺乏自己的核心技术。这个阶段所需要的劳动力也主要是低端技能人才和农民工，因此，职业教育也只是低层次的发展。当前，我们面临着新一轮的产业升级和从“中国制造”向“中国创造”的转变，技能型人才的短缺更多地表现为高素质技术技能人才的短缺，特别是在制造、医疗卫生、服务、建筑、能源等传统产业和电子信息、航空航天等高新技术产业方面。高素质技术技能人才的缺乏，已成为阻碍产业升级、制约经济社会发展的短板，所以培养大量的高素质技术技能人才迫在眉睫。因此，产教融合型实训基地要将培养高素质技术技能人才作为基地的人才培养目标，以更好地满足社会对高素质技术技能人才的需求。

培养高素质劳动者和技术技能人才是实训基地的目标。要实现这个培养目标，要求学校具备以下培养能力和条件。

（一）完备的师资力量

基地为适应培养高素质技术技能人才的需要，围绕提高教师理论教学、实践指导、科技开发、社会服务和创新创业教育五种能力为中心，以提升教师“双师”素质、优化教学团队“双师”结构为重点，建立“内培外引、校企互聘、联合培养、共同管理”的教师培养机制，完善教师激励机制和考核评价体系，大力培养“德厚、识博、技熟”的专业教师，逐步建成一支理论水平高、实践能力强、结构合理、师德高尚的“双师型”专业教学团队。

（二）完善的教学条件

适应高素质技术技能人才培养，基地应加大实验实训条件建设力度，包括设备购置、实验实训室建设等。同时，充分利用实验实训室，加强实验实训室管理，允许并鼓励面向学生开放实验实训室。提升基地教育信息化水平，重点加强信息化基础设施建设、数字化信息资源开发和教育管理信息系统应用，大力开发数字化教学资源，推进现代化教学手段和方法改革，开发虚拟实训，搭建校企互动信息化教学平台，推进职业教育政务信息化，建立健全职业教育服务与监管综合信息系统。

（三）实训基地应突出强调学生专业技能

注重学生动手实践能力、实际操作能力，又强调学生的职业素养、学习能力、创新意识等。高素质技术技能人才不是由学校培养出来的，而是在生产劳动过程中不断锻炼提升才能达到的。实训基地的作用就是传授给学生成为高素质技术技能人才所必需知识的同时，培养学生必需的职业素质，树立必需的职业意识。

二、强化人才培养的职业素养

职业素质，是指劳动者对职业了解与适应能力的一种综合体现，主要分为专业素质和基本素质。其中，专业素质是指从事一个行业所必需的素质，包括职业技能和职业意识；基本素质是指参加工作，不论行业种类都需要的素质，包括职业道德和身心品质。

职业技能与职业意识是职业素质的核心，而职业道德和身心品质对于职业技能和职业意识的形成起着十分重要的作用，将四者有机统一，才能形成职业素质。所以，实训基地对高端技术技能型人才的职业素质培养应当涵盖职业意识、职业技能、职业道德和身心品质。

在课堂教学方面，实训基地及时了解行业最新的科研成果，密切关注行业的发展趋势，同时了解企业用人的需求。根据教学大纲和这些行业的最新信息，调整课堂的教学，做到学科性、专业性、职业性的统一，最大限度地促进学生素质和能力的提高，让学生认知到自己应具备的职业素质，满足学生就业与发展的需要，培养学生成为具备综合职业素质的技术技能型人才。同时，将职业基本素质教育融入专业课教学中，职业基本素质的形成需要长时间持续地培养，课堂中渗透职业道德方面的教育，使学生树立正确的世界观、人生观、价值观以及职业观。课堂应采用多种形式的教学方式，如自编自导自演的情景剧、小组 PPT 展示等以调动学生学习和参与的积极性。加强课堂教学管理，强调出勤率、着装、语言、行为，并与课程成绩挂钩。良好的课堂管理，不仅能提高学生的听课质量，增强课堂教学效果，而且有助于学生职业基本素质的养成。

建立班级考核制度，形成班级与班级之间的竞争，产生压力并转化为动力，调动学生积极性，促进班级成员之间互相监督，形成良好的班级学习氛围和团队意识。同时建立学生的考核制度，采用德育学分制，考查学生的学习成绩和道德素质，将德育量化成学分制，使德育目标详细化，将口头说教变成行为教育，有利于学生自我约束和自我管理的形成，使学生掌握做人的基本原则，养成文明的行为习惯。

开展各式各样的竞赛活动。知识竞赛可以加强学生在课堂上的学习所得，强化理论认知；技能竞赛可以加强学生的实践操作能力；体育竞赛可以加强学生的团队意识，促使学生敢于挑战自我，勇于拼搏；演讲比赛可以锻炼学生的胆量和表达能力。志愿服务，学生可以在志愿服务中学到许多课堂上没有的知识，锻炼其协调与沟通能力，更重要的是增强了学生的爱心、服务意识和社会责任感，有利于学生道德品质的形成；举办讲座，邀请企业高层、行业专家、优秀毕业生来校做讲座，可以让学生了解行业最新形势，全方位加强学生对职业素质的认识。

鼓励学生企业顶岗实习。学生实习前要培训　重点安排就业形势分析等相关法律政策解读、创业与就业指导报告、实习纪律、安全教育、个人简历撰写、应聘礼仪、模拟招聘、企业用工要求等内容，让学生为实习做足准备，企业顶岗实习可以让学生熟悉就业工作流程、掌握求职面试技巧和企业工作流程，并在实习过程中树立正确的职业理想和“先就业、后择业，先生存、后发展”的就业观念，以充足的准备找到理想的用人企业。

三、建立健全基地文化体系

实训基地的文化建设是实训基地内涵建设的重要内容。实训基地文化建设创新，就是要以实训基地为载体，实现企业文化与校园文化在实训基地的有机对接与融合，就是要突出实训基地校园文化的“企业化”特质，凸显实训基地企业文化的“高职化”特色，将企业精神、企业形象、企业制度、企业行为融入学校精神文化、学校物质文化、学校制度文化、学校行为文化中，对深化职业院校实训基地建设、提升职业院校办学核心竞争力、实现学生毕业从学校到企业的零距离过渡，具有重要而深远的意义。

文化建设是一个由管理层精心设计、积极推进、全基地师生在教育教学实践中共同遵守贯彻执行的过程，是一个循序渐进养成和实践的过程，最终体现为全基地师生员工的自觉行为。基地管理者应站在基地发展战略的高度，以行业劳动力需求为导向，兼顾行业特色，结合区域文化特色，融合时代精神，立足创新，对基地文化建设进行总体规划、系统设计和组织实施，并进行相应的体制和管理创新，形成科学的办学理念、办学思路、价值观念和行为规范，并身体力行，为师生起示范作用，对师生员工进行观念更新，多方位推进基地文化建设。

加强在教师群体中文化理念的宣贯，再通过教师将基地文化传导到学生思想中。通过教学系（部）向教师宣传基地文化理念。系（部）要定期召开专业讲解、宣传基地文化，并要求教师在平时授课时有意识地把教学内容和基地文化结合起来，经常在课堂上传播基地文化，让学生处在浓郁的基地文化中，时刻接受基地文化的熏陶，强化基地文化在学生意识中的印象，最终基地文化将指引和影响学生的行为处事习惯。

充分发挥学生社团的作用。基地教师要通过讲座、会议等形式把基地文化理念传播给学生社团的骨干人员，然后再通过他们传播给社团的其他成员。学校要积极组织社团开展宣传基地文化理念的各种活动。如基地文化知识竞赛、演讲比赛、书画展等，让社团通过学生喜闻乐见的形式把基地文化理念传达给学生。前面的方法可以把基地文化由点到面地在学生中传播开来，并逐渐使基地文化理念内化到学生的思想意识中去。

基地环境也是彰显基地文化的重要部分。基地环境布置应从职业教育需要的角度科学规划，注重物质文化与精神文化相结合，体现基地成员的价值取向、精神追求。基地环境布置应结合自身特质，彰显人文关怀，成为具有一定企业价值观的物质载体。如基地内的各种雕塑、壁画、宣传设施、视觉媒体等环境布局和设置应与职业信息紧密相关，形成具有职业特色的文化艺术景观；基地内的楼、路、灯，教室等可以用行业企业及人名命名；在楼宇等建筑物氛围营造上，不仅应有名人画像、格言警句，办学思想，更应有职业说明、职业定位、职业风采，职业岗位要求、职业需求信息、行业与专业发展趋势，业内成功人士资料等；基地文化具有历史传承性，可通过设置校史陈列室、荣誉室等增强师生对基地文化的认同感和自豪感，从而增强凝聚力和向心力。

提高基地文化和企业文化的结合度。基地的人才培养目标要求基地教育要面向社会、适应市场，以企业需求为导向。可以让学生到基地共建企业去顶岗实习，以企业的规章制度来要求学生，使学生亲身体验到作为一个企业员工的真正感受。让学生接受企业文化的熏陶，强化企业文化意识，具有企业的组织群体意识、归属感和认同感，使学生的专业技能、职业意识等到毕业之际基本能够满足企业的要求，为学生今后走上工作岗位奠定基础，实现基地教学与就业市场的零距离对接。

四、提升基地教学科研实力

产教融合实训基地作为职业教育的重要载体和平台，要将教学和科研作为主要的发展方向，采取教学与科研相结合的方针，大力开展技术应用研究，提高技术创新水平，再把研究成果引入教学内容中，从而提高教学质量。

一是加强队伍建设，培养造就一批有较高科研水平的学科带头人及科研骨干。依据国家政策支持，技术技能人才凭技能提升待遇，鼓励企业职务职级晋升和工资分配向紧缺急需的高层次、高技能型人才倾斜。建立国家技术技能大师库，鼓励技术技能大师建立工作室，并按规定给予政策和资金支持，支持技术技能大师到职业院校担任兼职教师，参与国家重大工程项目联合攻关。同时，不断完善各种激励措施，以便充分调动职业院校教师从事科研的积极性。可以通过完善技术职称的评聘工作、改革奖酬金发放办法，将职称评聘、奖酬金与科研工作相挂钩，激励职业院校教师从事科研工作。

二是引进新型实验仪器和实训设备，建设基础设施。巧妇难为无米之炊，没有实验实训设备，要进行科研活动只能是空谈。基地可以从事业费中安排经费用于仪器设备的购置，同时也可以从科研经费及科研项目完成后的结余经费中提取一定的比例用于仪器设备购置。此外，科研成果转让也是一笔不小的经费来源。总之，基地应通过多种渠道筹措资金，更新仪器设备，保证教学科研工作的正常进行。

三是建立信息网络系统，做好信息交流工作。科技信息交流是研究活动的组成部分，它贯穿科学研究工作的始终。在现代科学技术飞速发展、日新月异的今天，没有科技信息交流，选题就会盲目，存在低水平重复的情况，进度缓慢，成果就不可能是高水平的。加速建立快速、灵敏的信息网络系统，加强科技信息交流，对于基地及时准确地调整和把握学科发展方向，选准主攻目标，加速科研工作的进展、减少低水平重复、提高科研工作的效益具有十分重要的意义。所以，实训基地要从多方面筹措资金，建立与国内外科研信息资源连接的信息网络系统，使基地能随时获取最新的信息。

四是科研实力的提升带动教学质量的提升。科研实力强的机构一般来说影响力、声望更大，而声望大的学校更容易聚集相关资源。可以邀请到更多的知名专家和行业领军人才来给学生开设讲座，可以为学生提供更好的实验设备，可以利用自身在行业的影响力举办国家、省级层面的大赛，可以提供给学生重要的社会活动，多样的社会实习机会、良好的实验实训和图书资料等资源来提高学生的素质。同样，科研实力提升也有助于打造高水平科研平台，从而吸引更为优秀的教师和人才。这些都是科研实力的提升所带来的教学质量的提升。

五是理论联系实际，加强实践教学。学生仅靠课堂内容不能提高自身综合水平，要积极开拓、主动投身于生产劳动才是逐步走向社会的关键所在，基地要为学生提供更为广阔的实际运用的机会。鼓励学生参加学校科技创新、挑战杯等活动。教师要积极联系学生，鼓励学生参加科研项目，为学生提供参与科研项目的机会。打好理论基础，并在此基础上积极探究，利用年轻人独特的视角进行开发创造，在各项活动中找到自我发展成长成才的道路。

第三节 夯实强化实训基地职业性

一、系统优化人才培养方案

培养技术技能人才是职业院校的根本任务。历史使命决定了职业教育应当根据区域经济发展的人才需求，不断调整和优化专业结构，深化教育教学改革，创新人才培养模式，努力培养学生的创新精神、创新意识和创新能力，为国家实施创新发展战略夯实人才基础。职业院校应主动以建设区域开放产教融合型实训基地为契机，结合区域主导产业或支柱产业人才培养需求，与合作企业一同制订实践教学方案，探索实施课程及学分认证、师资共享、实训教学内容共同开发等方面的改革。推行任务驱动、项目导向等教学做一体的教学模式，达成合作共赢的目的。在设置系统的人才培养方案过程中，我们要遵循下面两个原则。

一是与专业群建设相结合，搭建专业共享平台。整合实践教学资源，建设面向专业群的实训基地是专业群建设的主要任务。区域开放产教融合型实训基地的建设必须服务专业群发展，依据工学结合人才培养模式三个核心要求（顶岗实习、专业课程做中学、“1+X”证书制等）系统设计专业实践教学体系，增强实践教学体系的开放性与共享性，探索职业素质能力、岗位实践能力、专业核心能力综合培养模式及跨专业群、多层次综合实践教学平台建设模式，实现职业教育各层次共享；以区域、行业企业为依托，拓展实践教学模式，根据专业群各专业的实践教学要求，细化岗位设置，满足中高职和本科实践教学的不同需求，满足专业群内学生共性的实践训练需要与专门化的、个性化的技能提升训练要求。

二是与创新教育相结合，提升学生的创新能力。职业院校要充分利用区域开放产教融合实训基地的优质资源，助推学校创新教育朝更高层次发展。实训基地中真实职场氛围的营造、创新文化的融入、生产性实训和顶岗实习的实施以及教学过程和生产、科研、经营实际有机融合、教学做一体的教学模式等，对学生创新意识的渗透、创新思维的拓展起到了极大的助推作用，也为学生职业素质养成提供系统训练。通过实训基地开展的各级职业技能大赛、大学生实践创新训练计划等创新实践活动与创新教育课程教学的有机融合，针对性地选择综合性技术岗位，为共享学校的学生提供部分实践岗位，使学生的技术应用和创新能力得到充分锻炼和提升。

在具体实施细节方面，基地需要以企业需求为导向，以职业标准为依据，以培养高素质技术技能型人才为目标，进行课程设计。基地需要及时了解社会所需岗位人才的种类，从而对专业的设置以及教学内容做出相应调整。学生的职业生涯发展是实现学生自身发展和企业发展需要的结合点，基地专业人才培养方案的开发应使学生获得与企业发展需要相一致的职业知识、职业技能和职业态度，并为学生的职业生涯规划和可持续发展奠定坚实基础，拓展宽广的成长空间，具体实施主要从以下四个方面进行。

（一）理论教学

基地的理论教学特别强调理论要为实践服务，以指导实践、提高技术应用能力为目的，促进学生用科学的技术理论指导实践和实践操作。专业学习领域课程以任务驱动型课程为主体，课程实施主要按照工作流程或技能提升的逻辑顺序来展开，从与学生生活密切相关的、具体的、范围较窄的工作任务切入，使学生在校期间熟悉工作岗位所需的工作对象、工作内容、工作手段、劳动组织、工作环境、工作过程。基于此，课程体系应对理论教学进行大胆改革和重组，取消与专业实际技能培养关系不大、理论性过强的课程，对一些与专业相关的课程进行内容的调整与合并，增设反映新技术的技能课程和过程性课程。

（二）身心素质教育

一名合格的毕业生不仅需要掌握基本专业技能，更需要良好的身心素质，因此，身心素质教育就是实训基地人才培养方案重要的组成部分。开设公共文化学习领域课程，培养学生的社会共同信念和情感，使学生树立正确的世界观、人生观、价值观和职业观；加强人文素养，树立法治观念，使学生成为适应现代社会的身心健康、遵纪守法的合格公民。通过公共文化课的学习，有利于学生心理素质的提升。开设种类丰富的体育课程，除篮球、羽毛球、排球、乒乓球等传统体育课程外，可以开设足球、游泳、网球、武术、舞蹈等较少见的课程让学生有自由选择的余地，可以选择自己喜欢适合的体育课程参加。同时，设立身体素质测试，作为引导学生进行身体锻炼的有效抓手。

（三）实践教学

落实“以学生为主体”这一理念的关键是参与，给学生提供自学的机会、动手的机会、表达的机会、创新的机会。培养学生的动手能力是基地课程的重要目标。因此，基地课程体系不应当仅是知识的体系，还要包含知识点，更多的内容应该是技能项，是技术知识体系，是经过动手操作才能理解和掌握的内容。实践课程内容有利于学生将学到的知识、技术运用到实际中去，这对于基地学生来讲是至关重要的。因此，实践性强的、操作性强的课程科目应当占课程体系的主要部分，并使课程体系的结构有利于教学过程从以课堂讲授为主转变到以实验、操作为主的方式上来 通过校内外实习实训基地，让学生能在更多更好的实践环境、动手环境中完成课程学习。

（四）企业顶岗实习

将企业顶岗实习作为基地人才培养方案的最后一部分，在经历了实训基地的理论、身心素质、基本实践操作培训后，到基地共建企业顶岗实习是学生正式工作的最后一步准备。企业顶岗实习可以让学生熟悉就业工作流程、掌握求职面试技巧和企业工作流程，并在实习过程中树立正确的职业理想和“先就业、后择业，先生存、后发展”的就业观念，找到理想的用人企业。

二、设置系统培养课程体系

课程设置一般是指各级各类学校开设的教学科目和各科教学的时数。简单地说，课程是指在某一学习阶段，按照某种顺序展开的“教”和“学”内容的全部，即有计划地、系统地学习相关内容。职业教育课程设置是基地培养高素质技术技能人才的总体规划，它把为达到培养目标所要求的教学科目及其目的、内容、进度和实现方式等在总体规划中全部体现出来。

当今社会科学技术的迅速发展，劳动组织形式的急剧变革，使得原有的学科与行业之间的界限被打破，产生了许多复合型、技术含量相对较高的新岗位。基地要了解当前行业的基本情况，从实际出发，根据企业需求进行课程设置，使学生获得与企业发展需要相一致的职业知识、职业技能和职业态度，立足现实的同时要面向未来。当今社会发展迅速，各个行业日新月异，现在热门的工作，可能在几年后就会消失不见。因而基地要动态掌握行业发展方向。在课程设置时应考虑未来社会的需求和学生可持续发展的需求，注重培养学生的学习能力、创新能力、创业能力。

根据课程内容的专业性强弱，可以将课程分为专业核心课程和非专业核心课程。

专业核心课程，是指以本专业基本活动为主题而编制的课程系统。专业核心课程可分为专业知识课程和专业技能课程。其内容是按照职业群共有的基础技术和基本技能整合而成，作为教学和实训的中心内容，要在时间上、师资上予以优先保证。

专业知识课程，覆盖该专业对应职业岗位群需要的最基本、最主要的知识和技术，教学上侧重于技术原理、技术方法的讲授。每个专业设立 5～6 门核心专业知识课程，保证学生有足够的时间和条件学好这些课程，掌握本专业必备的知识和技术，确保学生有一技之长。专业知识课程要特别强调理论要为实践服务，以指导实践、提高技术应用能力为目的，以“必须、够用”为原则，学生的科学技术理论知识是进行实践操作的基础。基于此，课程体系应对理论教学进行大胆改革和重组，取消与专业实际技能培养关系不大、理论性过强的课程，对一些与专业相关的课程进行内容的调整与合并，增设反映新技术的技能课程和过程性课程。

专业技能课程，这类实践性强的、可操作性强的专业技能课程将是最为主要的课程类型。专业技能课程是强化培养学生的动手能力、操作技能的课程，重在职业基本技能。这一类型的课程强调职训、实训、实验、上机等实用性操作训练，以满足一线应用技术型人才的实际需要。给学生提供自学的机会、动手的机会、表达的机会、创新的机会。培养学生的动手能力是实训基地课程的重要目标。专业技能课程内容有利于学生将学到的知识、技术运用到实际中去，这对于基地学生来讲是至关重要的，是学生毕业后能尽快参与工作的关键。

非专业核心课程，主要是为学生提供必备的科学、人文等方面的基础知识以及学生身心素质的提升，可分为基础必修课程和选修课。

基础必修课程，主要包括高等数学、大学英语、计算机基础、中国近代史、毛泽东思想与中国特色社会主义、思想道德修养与法律基础、体育等。基础必修课程是指为学生继续学习提供基础知识与基本理论，培养学生基本能力与基本素质而设计安排的。如高等数学、大学英语、计算机基础、中国近代史等课程使学生掌握最基本的科学人文知识；毛泽东思想与中国特色社会主义、思想道德修养与法律基础等课程对于学生树立正确的世界观、人生观、价值观有重要作用，进而加强自身的行为修养，树立正确的择业观；体育课则可以提升学生的身体素质。

选修课，以人文课程为主，兼有科技、管理、文体类等课程，如行为礼仪、沟通技巧与写作、心理学、艺术鉴赏等，开拓学生知识面，为学生多方面个性发展提供帮助。同时，允许学生选择其他专业的专业核心课程，让学生对不同的专业有所了解，建立对其他专业的兴趣。

三、搭建优势人才实训情境

为了培养符合市场需求、适应企业环境的高素质技术技能人才，采用“工学结合”培养模式，基地要搭建优势人才实训情境以完成培养目标。

实训首先要满足其真实性。实训使用的设备与企业的设备需要保持一致，实训的过程与生产过程一致，实训室具备生产产品的功能。同时，实训必须引入企业真实的工作情境、文化氛围和管理模式，按照生产的工序流程来布置，使实训尽可能贴近生产、技术、管理、服务第一线，努力体现真实的职业环境，让学生在一个真实的职业环境下按照未来专业岗位群对基本技术技能的要求，得到实际操作训练和综合素质的培养。

其次是先进性。实训项目需要紧跟行业发展前沿，体现新技术、新工艺，瞄准实际操作人才缺乏的高技术含量和新技术行业的职业岗位，在技术要求上要具有专业领域的先进性。使学生在实训过程中学到和掌握本专业领域先进的技术路线、工艺流程和技术实际应用的本领；使基地投入具有前瞻性、持久性。

最后就是效益性。效益是任何一个项目开始前都要考虑的最为现实的问题，实训项目同样如此，实训需要尽可能使所建设的实训基地适用性强，能进行多学科的综合实训。相关专业尽可能通用，充分利用有限的资源，最大限度地节约资金。同时，不仅为校内学生提供基本技能实训场所，而且为社会提供多方位服务，产生社会效益。

搭建优势人才实训情境需要整合现有资源，优化运行机制。职业教育要求理论教学以适用、实用、够用为度；实践教学则应当遵循由简单到复杂、由熟悉到熟练的循序渐进的过程。这一教学过程需要在真实的职业环境中，同时需要大量的资金投入。因此，考虑到项目的经济性，我们在实训基地设备的选型与购置中，既要考虑经济建设对实用型人才的需求，构建真实或仿真的职业环境，又要注意控制实训成本。

此外，为了更充分合理地利用现有资源，可以通过对原有的实训场地重新规划、改造、归并与新建实训项目进行有效的资源整合和优化配置，实现基地与基地之间的资源共享。通过有效整合资源、优化资源配置、完善硬件建设配套、建立更为健全的管理体系，可以增强综合实训能力，并降低实训成本。

四、提升专业职业迁移空间

随着科技的快速发展和经济全球化的不断推进，随之而来的是生产方式革新及产业升级换代。产业升级必将导致传统生产工艺和技术被淘汰，一些技术工人由于技术不再匹配，离开原来的工作岗位而选择自谋出路则成为必然。在当今社会职业结构呈现动态性变化、岗位职业不确定因素增加的情况下，仅让一个人为某一特定职业或岗位做好准备是不够的，为了让学生能在复杂多变且充满风险的社会里实现长期就业，基地要培养学生的风险意识，提升专业职业迁移空间，加强对学生适应能力和发展潜力的培养，适应高度不确定社会的需求。提升学生专业职业迁移空间，主要从以下三个方面入手。

1. 提升学生的综合素质

综合素质主要包括思想道德素质、心理素质和职业素质。思想道德素质可帮助学生树立正确的人生观、社会观和道德观，培养遵纪守法、讲诚信的优良品德及良好的职业道德素质。心理素质是指个体在心理过程、个性心理等方面所具有的基本特征和品质。良好的心理素质有助于学生形成完整的人格、与他人构建良好的人际关系、对自己的能力做出适当的评价及充分的社会适应力。职业素质是劳动者对社会职业的了解与适应能力的一种综合体现，是毕业生立足社会、体现自我价值的关键素质。

综合素质的培养可以将教育工作从单纯的实现就业、追求就业率向学生的全面发展转变，提高学生对不同岗位的适应能力，进而实现长期就业。所以，在教育内容上，不仅要有专业理论学习和基本技能训练，还要增加思想道德文化修养、心理素质、职业素质的训练内容。

2. 提升学生的职业迁移能力

基地的教育坚持“以能力为本位、以就业为导向”的发展模式，但这里的“能力”不仅仅是操作技能，还应该包括语言表达能力、学习能力、思维能力、创新能力、环境适应能力、团队合作能力及职业发展能力等。这些能力是职业生涯中除岗位专业能力外必须拥有的基本能力，即可迁移技能，可迁移技能是跨越具体职业的能力，是当工作岗位变更或职业变化后，能在新的岗位或职业中继续发挥作用的能力。从当下社会就业形势来看，转岗或转业的情况会变得很平常，因此拥有迁移能力是职业生涯中必备的技能。职业迁移能力是一个广泛的概念，包含许多内容，而且大多是课堂上学不到的，基地需要分析学生特点，组织形式多样、种类丰富的各类活动，如演讲比赛、志愿活动、体育竞赛等，鼓励学生积极参与，以此来提升学生的职业迁移能力。

3. 培养学生的终身学习意识

基地的教育是以就业为导向的教育，它要教会的是学生掌握某一种谋生手段。现在是知识爆炸时代，一个人曾经掌握的知识将很快落后于时代，这时便需要在工作中不断学习，做到与时俱进，不被社会所淘汰。基地需要培养学生学习的意识，养成学习的习惯。鼓励学生阅读新闻、报刊、书籍来了解时事和行业前沿动态，培养学生自我高效学习的能力，学会高效地收集整理分析资料。

五、全面提高人才就业情况

就业情况包括就业数量和就业质量两方面，其中就业数量可以用就业率来衡量，而就业质量衡量指标较多，包括专业对口率，薪酬水平、毕业生就业满意度、用人单位满意度、职业稳定性、社会保险待遇水平、职业适应度及胜任度、职业发展信心、职业发展空间等因素。

近年来，很多职业院校开始高度重视毕业生的就业问题，坚持贯彻以就业为导向，以服务为宗旨，培养面向生产、管理、服务第一线技术技能人才的办学方针，有效调整毕业生就业策略，就业工作不断创新，使得许多院校的毕业生一次性就业率都在90%以上。但就业质量却不容乐观，主要表现在：①就业机会不均。当前高职生就业空间不断缩小，就业机会相对偏少。专科层次的学生就业受歧视现象仍很明显，相近的能力，事业单位、企业会选择本科生。②就业不稳定。相比同期本科院校毕业生，高职毕业生的高离职率反映出其就业存在高度的不稳定性。③工作满意度低。工作满意度受到专业的对口性、工作的稳定性、劳资关系的和谐性、职业发展前景、福利和社会保障等因素的影响，报酬低、劳动强度高、同事关系紧张等原因使得毕业生对工作不满意。

基地毕业生就业情况是衡量基地人才培养质量的重要指标，基地一方面要积极提高毕业生就业率；另一方面必须在提高就业质量上下功夫，即在毕业生充分就业的基础上努力提高就业质量，基地可以采取以下方法。

（一）专业适应市场

职业院校的专业设置直接关系毕业生就业机会，专业教育要紧密结合市场发展需求，特别是地方经济产业的发展需求。行业企业对专业人才的需求状况是职业院校专业结构调整的重要依据，依据人才市场的需求变化对专业结构进行优化是职业院校毕业生就业率和就业质量提升的保证。职业院校要根据地方经济和社会发展的需要，围绕人才培养目标，深入开展研讨式专业剖析，明确专业建设目标，及时调整专业方向，使专业结构日趋合理，目标岗位更好对应职业岗位。在专业课程设置中，与市场需求接轨的同时，应全面、科学地制定教学内容。在教学的各个环节，不断根据市场需求，加强专业能力、适应能力和求职能力的培养，缩小用人单位和毕业生之间的认知差距，提升职业院校毕业生就业层次与能力。

（二）进行职业规划教育

职业院校要加强对学生职业生涯规划教育与就业指导。对学生进行系统的职业指导、职业教育和职业干预，使学生树立正确的职业情感和态度、职业价值观、职业忠诚度。同时，采取有效的措施和策略，帮助学生提高职业认知和职业能力水平，尽早为将来做好打算，为毕业后提升就业能力与就业质量夯实基础。

（三）建立就业服务体系

职业院校还要强化就业服务意识，树立以学生和用人单位为中心的理念，积极为学生就业搭建完善的信息平台，要加强与企业联系并建立长期的合作关系。一是要积极开展就业工作研究，提高对就业形势的研判能力和指导能力。二是要加大资源投入，形成一个涵盖就业指导、毕业生推荐、就业信息发布、企业招聘服务、就业手续办理等的全方位就业服务体系。三是要密切与相关行业协会的合作关系，形成专业负责人联系行业协会制度，依托行业协会组织招聘会，拓宽毕业生的就业渠道。

第四节　强化深耕实训基地实践性

一、树立明确教学目标

实现教学最优化的第一个办法或第一位工作，就是制定恰当的教学目标或教学任务。教学目标是师生从事一切教学活动的指针，是选择教学内容和教学方法的依据，也是衡量教学成败的标准。一般说来，教学目标包括：①使学生掌握系统的文化科学知识和基本技能；②培养学生良好的世界观和道德、审美、劳动等观念及相应的行为方式；③使学生的身心得到健康发展。因此，我们在教学中，就应根据这三个方面制定具体明确的教学目标。只有教学目标明确了，才便于把握、操作、落实和检查。在大力提倡素质教育的今天，明确而有针对性的教学目标是提高教学效率的关键。

职业教育的目标是培养高素质技术技能型人才，需要毕业生能尽快融入企业参加工作，因此，实际操作能力是毕业生必不可少的能力。而实际操作能力需要学校通过实践性教学来培养，因此，实践性教学是高等职业技术教育的重要环节，贯穿整个教学过程之中，突出实践性教学是职业教育的特色。实践能力的培养包括校内实验室教学和企业顶岗实习两个方面。

（一）实验室教学

要建立一支具有现代教育理念、教学能力强、熟悉生产领域，掌握过硬技术的高素质实践教学师资队伍。学校要注重“双师”素质教师的培养与引进。可以让教师到企业为员工进行专业培训或到企业实际操作，使他们更加了解社会需求以及如何培养学生的实际操作能力。同时，聘请企事业单位的专家、有工作经验的人员以及实践基地有丰富经验的技术骨干作为兼职实习、实训指导教师，组建一支以“专职为主、专兼结合”的实践教学师资队伍。加强实验室建设，通过学校投入和校企共建等方式，不断改善校内实验条件，大力整合现有资源，优化管理，扎扎实实地建设好各专业的实验室、实验工场、实训室、实训工厂等。此外，积极拓展实验室创建渠道，鼓励社会资源通过投资、参股等方式参与建设，共创产学研合作教育基地。同时，加强实验室、实训基地的科学管理，实现资源共享，允许并鼓励学生平时课后使用实验室，将实验室资源向社会、企业开放，提高资源的使用效率。重视校外实习、实训基地建设，按照互惠互利的原则，建立一批相对稳定的校外实习基地。

（二）校外顶岗实习

顶岗实习工作是学生步入社会前的一次职前锻炼，起承接作用，也是教育部对职业院校学生的基本要求，是理实一体化教学实施的载体，对促进学生就业有积极作用的同时，顶岗实习是一个非常好的培养学生职业基本素质的机会。实习前培训要安排就业形势分析，相关法律政策解读、创业与就业指导报告、实习纪律、安全教育、个人简历撰写，应聘礼仪，模拟招聘、企业用工要求等内容，让学生为实习做足准备。在学生顶岗实习期间，一定要加强学生职业基本素质的培养，学校要配备相关指导教师，及时对学生进行教育和引导。学生最初步入顶岗实习的岗位时会有很多不适应，感觉工作很辛苦，倒班的时间差调整不过来，企业管理严苛、约束较多等。该时期指导教师一定要做好学生的思想疏导工作，使学生尽快适应企业的工作和生活。在顶岗实习中要加强安全教育，通过安全教育强化学生的责任意识、敬业意识和组织纪律观念。企业顶岗实习可以让学生熟悉就业工作流程、掌握求职面试技巧和企业工作流程，并在实习过程中树立正确的职业理想和“先就业、后择业，先生存，后发展”的就业观念，以充足的准备找到理想的用人企业。

二、大力提升教学条件

职业院校要培养适应行业企业需要的高素质技术技能人才，就必须建立满足培养学生综合职业能力所需的真实的或仿真的实践教学条件，尤其是校内的生产性环境能使学生在真实的职业环境中以准员工的身份参与生产过程，并在完成生产任务时完成学习内容，同时完成生产产品和学习两项任务。实践教学要深度融入行业要素、企业要素与职业要素，使学生在做中学、在学中练，为工学结合人才培养模式的实施提供相应的保障。

（一）增加投入

充分整合校内实验实训资源，建立校内实验实训室。学校要根据各专业人才职业能力培养需要，按照核心课程职业能力项目实训要求。整合校内原有的实验室、实训室、多功能教室等现有资源，加大实验实训条件改造投入的力度，彻底改造和整合传统的实验室，添加必要的实训设备，并在原有实训基地的基础上增加生产性功能，满足学生生产性实训和综合职业能力培养的需要。

（二）与相关院校建立合作关系

校际合作可以使学校充分利用不同院校先进的设备、先进实训教学模式，优秀实训指导教师等优质资源。校校合作，不仅解决了学校实训场所建设上存在的诸多问题，同时也增加了实训场所的使用率，使优质资源得以最大限度的发挥效益。虽然实训场所不为学校所有，却能被不同院校充分利用，因而实现了双赢的局面。

（三）依托行业，建立校企合作

通过联系满足要求且有实力、有长远发展眼光的企业，争取企业支持，引企业进校园，由校方提供厂房和配套设施，企业提供无偿或优惠的实训设备材料及生产技术，建立生产性实验室。学生以员工身份参与生产全过程，使学生在做中学，在学中练，全方位培养学生的职业能力、职业态度和综合素质。同时，可以安排教师到企业学习参观，增强教师对实际生产流程的了解；可以邀请企业中有经验的技术人员作为兼职教师，为学生讲解、演示实际生产操作流程，以此来提升师资水平。除此之外，企业还可以提供顶岗实习的机会，学生参加顶岗实习的企业就是最真实的实训场所，在这里学生可以熟悉企业工作流程、企业规章制度、企业文化，为之后的就业打下坚实的基础。

（四）采用现代化的管理手段

改变传统的管理模式，依托校内相关专业，开发出一套适合学校实训基地计算机网络化管理的软件。重点加强信息化基础设施建设、数字化信息资源开发和教育管理信息系统应用，大力开发数字化教学资源，推进现代化教学手段和方法改革。要建立完善的实验实训设备资产管理信息系统，实现设备资产管理信息的开放式、网络化。搭建校企互动信息化教学平台，加强校企联系，学校领导及实习主管部门要定期深入校外实训基地研究实训方案，联络感情，解决问题。建立健全职业教育服务与监管综合信息系统，重点跟踪督促各专业建设紧密联系的合作企业，建立管理档案，规范学生的校外实训活动，保证校外实训取得实效。

（五）提升师资力量

通过已经建立的校企合作，学校可以安排教师到企业生产车间学习参观，增强教师对实际生产流程的了解；到研发部门参观，可以使教师了解行业生产技术前沿。同时，可以邀请企业有经验的技术人员作为兼职教师，为学生讲解、演示实际生产操作流程，以此来提升师资水平。学校要充分利用上级教育部门的师资培训政策，选派专任教师去教育主管部门在企业建立的师资培训基地提高实践能力，选派兼职教师去学校师资培训基地提高教育教学能力。

三、全面优化“双师”结构

教师是育人主体，只有不断强化基地教师职业素养，改革教学的师资结构，才能提高实践育人能力。

教师是职业院校实训基地的重要组成部分，高素质的教师是对职业教育实践性的有效诠释，能够高效地完成教学任务，科学合理地帮助学生获得职业技能，增强学生理论到实践的转换能力，从而具备较强的职业迁移能力。“双师”型教师结构在高技能人才的培养过程中的作用举足轻重，建设与培养实训基地的“双师”型教师队伍是实践教学的必要手段。通过聘请具有实际工作经验的企业教师，能够简化学生获得实践能力的过程，缩短学校学习与工作生产间的距离，学生具有更强的适应能力，提高用人单位的满意度。

职业院校为建设“双师”队伍应积极采取有效的措施，不以学历为唯一的判定标准，吸收聘用专业技术人员或经验丰富的专家、产业教授。此外，职业院校还可以派遣本校教师参加正规业务的学习和培训，提高教师自身的实践能力，有计划地建立一套集科研、教育、生产和运作于一体的实训基地，开展校企合作教育。

（一）大力促进专职指导教师“走出去”

此项工作的完成需要政府和实训基地通力合作，任何一方都不能独立完成此项任务。政府应大力促进实训基地专职实训指导教师“走出去”，实现专职实训指导教师在地区层面的共享共用。政府应打破现有的实训基地人事壁垒，淡化实训教师“单位人”的属性，积极制定相关政策和法规，允许教师在基地完成既定实训任务后，结合自身实际情况，到其他实训基地承担兼职实训指导教师工作。为此，政府应设立兼职实训指导教师专项资金，并拨付给基地，由基地自行负责，制订专职实训指导教师实训计划，筛选一批实践能力强的专职实训指导教师，由政府教育主管部门授予其“兼职实训指导教师”称号，并派遣这部分教师到其他实训基地承担兼职实训工作。基地应通过促进专职实训指导教师参加课题研究、下企业锻炼等方式加强其实践能力训练，使其能胜任不同实训基地不同类型的实训任务。

（二）积极开展兼职指导教师“引进来”

政府应合理放宽兼职教师的引入条件，不以学历、年龄、职称、工作年限等因素限制一批优秀的实践技能人才进入实训基地。基地应通过社会公开招聘的方式，聘请生产、管理、服务一线的企业专家、技术能手等担任实训基地兼职实训指导教师，基地应对应聘者进行严格的资格审查，审查内容包括实践操作水平和教学能力，并对审查通过的对象组织统一的培训和考核，考核合格者由实训基地颁发聘用证书，取得实训基地兼职实训指导教师准入资质。基地还应专门建立兼职教师管理部门，对兼职教师的教学安排、工作任务等做出相关部署，并协助解决兼职教师在工作中遇到的问题与困难。基地应特别建立兼职教师薪资待遇管理办法，对兼职教师的薪酬支付问题、课时计算问题、编制问题、职称评聘问题等做出明确说明，提高兼职教师的工资待遇水平，拓宽兼职教师的成长渠道。

（三）灵活建立实训基地共享实训师资库

实训基地应基于互联网的视角，整合基地专职实训指导教师和兼职实训指导教师的师资资源，共同建立组织灵活、弹性强的实训基地共享师资库。师资库不仅是教师的管理机构，也是师资资源的综合调度部门，专门负责实训教师的综合调度、档案管理、工资支付等。

首先，师资库的建设应建立弹性化的师资规模制度。根据不同阶段的实训需求，灵活弹性地把控实训教师的数量规模，避免因培训需求的多寡而产生实训师资紧缺或者浪费的问题。一旦某个实训项目亟须实训教师，就立即启用师资聘用程序，从师资库中调取，聘用合适的教师，由聘用教师者支付教师课时费。

其次，师资库应成立专门的组织管理部门，该部门负责为师资库中的每一位教师建立电子业务档案，对教师实施动态信息化管理。师资库应制定并实施实训教师认证制度，能够进入师资库的教师都必须经过严格的认证，对师资库内已经认证过的教师实施动态信息化跟踪管理，努力提高师资库师资质量。

最后，师资库根据每位教师实际的工作量、绩效水平，经过科学计算后，核算出每位教师实际应得的报酬，并委托财务部门负责发放。

（四）对教师建立科学的考核考评机制，激发教师工作积极性

实训基地要建立兼职实训指导教师考核考评小组，制定实训基地教师考核考评管理办法，通过定期与不定期的听课、检查，对兼职教师在担任实训指导教师期间的教学质量进行考核，考核的主要内容包括教学大纲及实训课时、课题，教学计划执行情况，备课备料情况，实训指导情况，作业（工件）批阅情况，学生评价情况等，对兼职教师的考核评定还应将考核结果定期反馈给兼职教师所在单位，由教师所在单位根据教师考核情况给予相关奖励或处罚。

基地还应采取优胜劣汰的人才留用机制，对教师队伍的质量实施动态化监督和评价，实施教师退出机制，对于不符合考核要求且屡次不改的教师，要及时予以解聘。基地还应设立专项基金，根据教师工作量支付其合理报酬，对于那些对基地运行和对外服务有突出贡献的兼职教师应给予特殊奖励，并搭建兼职教师成长渠道，满足一定考核要求的兼职教师可以升为特聘教授、兼职教授等，以提高兼职教师的工作积极性。

四、强调“双元”育人

学校和企业共同制订人才培养方案，及时将新技术、新工艺、新规范纳入教学标准和教学内容，强化学生理论联系实际的能力。

（一）充分发挥校外资源优势，实现学校与行业、产业对接，推行人才订单式培养

实习基地的建立和使用，扩展了学生视野，有效增强了学生的实践动手能力，学校毕业生得到了社会的普遍好评，扩大了学校的美誉度和知名度。通过与企业合作，在企业建起学生宿舍，实现了课堂进企业，学生直接进入企业顶岗实习，和企业员工同吃同住，学生可以真正接触和感知企业，在培养学生的同时，为学生提供了更多的就业机会。同时，与企业签订协议，由企业定制专业课程，按照企业的需求定向培养人才，接受企业的培训，学生毕业后可进入企业工作。

（二）实践教学是人才培养的重要环节

学校应积极探究大学生实践能力培养的新模式，学校可以结合学校学科专业特点，逐步建立一批实习基地，为学生创新精神和实践能力培养奠定良好基础，为推进产学研一体化、提高教师学术水平和解决工程技术问题提供了广阔舞台。学校还可以积极与科研院所、研发中心和企业单位建立广泛联系，采取“走出去、引进来”的方式，联合各单位与科研机构建立起一批稳定的实习基地，实现与企业、专业的无缝对接。

（三）进一步完善人才培养模式

深化产学研协同、校企合作的创新创业人才培养模式改革，推进各类实习基地的建设。学校需要努力构建省内省外、学校与企业“产学研协同、校企合作”的立体式实践教学体系，为学生实践能力锻炼、创新创业能力培养搭建良好的实践平台，基本满足各类专业课程实习实训的需要。

通过实习基地建设，使大学生能够理论联系实际，激发他们的学习热情，增强了其学习动力。不仅提升了实际动手、团队合作、协调与交流、解决实际问题等综合运用知识能力，而且促进了毕业生的心理健康，学生在实践中创新、在创新中成才，从而大大拓宽了其就业渠道，增强了学生的就业竞争力。

（四）推动各职业院校的就业工作

经过对学生实践能力的培养，我们不仅要做到提升学校面向企业社会的服务能力，而且要借助企业资源使得毕业生上岗速度快、动手能力强，受到企业的普遍欢迎与社会的一致认可，从而有力地推动各职业院校的就业工作。学生通过实践活动对企业科技创新提供了强有力的支撑，为企业构筑人才高地，培养认同企业文化、具有企业主人翁责任感的人才队伍，为企业持续发展、开发和储备智力资源、增强竞争力创造良好条件。同时，学校可以和企业双方积极推进科学合作研究，结合教学实习，联合开展科研项目的合作申报与实施，实现“产学研”项目的有机结合，共享经济效益和社会效益的成果。

第五节 扎根服务区域地方经济

一、与地方经济发展相匹配

职业院校不仅是传播知识和技术的场所，理所当然，也是技术创新的载体。职业院校要结合自身优势，借助区域开放产教融合型实训基地的平台，积极开展应用技术研究，提高技术研发成果的转化率和生产实践需求的吻合度。如充分基于基地资源与行业企业、科研院所共建项目库、共享项目源，联办科研机构或工程技术中心，与企业开展项目研发、科技攻关、咨询服务等；积极申报和承接与工艺技术和成果转化有关的应用项目和纵向、横向课题；实现项目产业化，建成高技术项目体系，为科技成果产业化提供服务；企业新产品试制、技术推广和产品推销；积极推进大学生科技创新创业，以项目为载体提供相关技术支持，实现项目孵化。

增强社会服务能力是校企合作共建区域产教融合型实训基地的关键和重点，以区域产业发展需要为指引，适应产业结构优化升级和培育战略性新兴产业需求，确立服务重点，突出服务特色，强化服务优势，主动服务产业升级和企业技术创新。

第一，设立多元投入的区域技术创新基金和成果转化基金，探究开放、集成、高效的区域协同创新模式，全方位拓展与各种创新资源的合作研究、联合创新，并将协同创新成果转化为适应市场需求的技术和产品，推动企业不断提升核心竞争力。

第二，成立专业研究所，推进专业群与产业链、产业群的协同，承接国家、省、市级科技项目和横向课题，优化资源配置方式，营造有利于协同创新的文化环境，通过市场牵引和技术推动，推进各方优质资源的流动、汇聚、碰撞、融合，从而产生协同效应。

第三，建立区域专业技术协作组织，实施有组织的、长期性的、目标清晰的可持续战略协作，开展跨专业的多项目合作，利用实训平台提供的开放接口，进行应用研究与业务开发，为企业提供市场推广和经营策划的支持与服务，成为行业或区域应用研发中心和技术服务保障中心，促进技术创新与人才培养的有机结合，在工程实践和服务实践中培养创新团队和创新人才，为区域经济加快发展和优化结构提供有力支撑。

建设高质量的区域产教融合型实训基地，离不开政府主管部门的支持。政府需要理清思路，统筹规划，明确建设方向，政府相关部门主要负责人应主动与职业院校专家及企业骨干联系，成立有针对性的调研小组，对当地区域主体经济和支柱产业进行调研，得出今后几年内区域对所需技术技能型人才的种类及数量，合理确定区域所需的紧缺人才，有效地指导职业院校对专业进行合理设置，保持区域产教融合型实训基地的可持续发展。同时，政府应加大对职业教育实训基地的资金扶持力度，改进资金投入方式，拓宽资金吸纳思路，多渠道地为区域产教融合型实训基地提供丰富的资金来源，还应加强投资保障机制的建立，建立以政府投入为主体，学校、企业与社会投入为辅的多方投资机制。

区域产教融合型实训基地建设的最终目的是对区域内的各种资源进行有计划的合理配置，实现资源利用率的最大化，这就需要相关主管部门在充分调研的基础上进行统筹规划、合理布局，建立真正意义上的区域产教融合型实训基地。

二、顺应地方需要，调整专业设置

区域产教融合型实训基地建设的基本理念是一切以培养学生的职业岗位核心能力为中心。知识的掌握服务于能力的构建，以职业岗位工作任务为出发点来整合相应知识、技能和态度，形成综合能力模块，根据能力模块配置实训室，进而构建出区域产教融合型实训基地。顺应地方调整专业设置，就是从职业岗位出发，进行职业岗位核心能力分解，形成一系列职业核心能力。根据学生所学专业与将来从事岗位的性质，明确学生需要掌握哪一系列职业核心能力，在目标明确的前提下，学生进入相应实训室进行技能训练。实训室配置与实训基地建设，就是根据整合后的核心能力模块为学生提供高质量的实训条件，进入实训室的学生接受一系列技能模块训练后，正式进入校内顶岗实训室进行生产实习，并且提供反馈信息。

职业岗位核心能力具有可变性，需要动态配置区域产教融合型实训基地。在新兴技术产业领域，技术与市场处于快速变化中。新知识、新技术、新方法与新设备的使用促使产品更新速度加快，这一变化对职业岗位核心能力提出了更高要求，需要不断适应新的市场需求。为了实现职业学校培养的技术技能型人才努力适应职业岗位的需求，学生技能训练内容、训练手段及训练设施等均应处于动态变化中。因此，要通过实训基地设备设施改进、实训项目开发等，建立一个与企业岗位需求动态对接的产教融合型实训基地。

实训基地建设的最终目标是培养学生的职业能力。学生职业能力是在职业活动中逐步形成和提高的，职业活动的环境、范围、方式、进行过程等，对形成职业能力起非常重要的作用。因此，在实训基地建设过程中，如实训设备的配备与摆放、实训场景的布置等都要紧紧围绕职业活动这一根本性问题。创设真实的职业情境，是实训基地建设中的职业教育理念。只有按照职业岗位的实际需求，进行实训设备的配置，才能有效地规划职业活动，才能为职业教育服务。

产教融合型实训基地的建设要采取两种模式：第一种，一体化实训场所建设模式，包括实训区、讨论区与教学区。实训区配备实训装备，学生在该区域完成工作任务；教学区配备桌椅和其他教学设备，指引学生学习专业知识，讲解工作任务等；讨论区让学生讨论完成工作任务时出现的问题，与同学老师交流找出解决问题的方案。第二种，在一体化实训场所外建设生产性顶岗实训区，为学生提供完全真实的实训环境，使学生在走上就业岗位之前做好充分准备。通过一体化实训场所的实训后，经过考核，合格的学生可以进入生产性顶岗实训区进行顶岗锻炼，该车间对外开放营业，整个运作过程完全企业化，学生不仅锻炼技能，还能了解工作岗位的所有细节问题，有利于学生职业岗位能力的形成。生产性实训场所的建设模式完全等同于企业的车间，学生在该基地进行实训时，需要完成产品加工与生产任务，为基地创造利润，完全实行企业运行模式。

教学、生产一体化运作，根据订单、教学计划和实训计划安排生产计划，生产过程中产学对接、工学结合，教师技师化，学生员工化，既完成生产，又进行项目导向，任务驱动、真实生产的情境实训教学和顶岗实习，严格执行工艺标准、质量标准和班组管理标准，实施工学过程控制，进行工序产品质量检验、入库验收，实施教学质量监控，确保教学质量和产品质量。

三、匹配地方职业素养要求

产教融合实训基地建设要准确把握经济发展方式转变对人才素质提出的新要求，进一步完善基地的人才培养体系。产教融合实训基地中大部分是高职学生，高等职业教育培养的人才应既有别于普通高等教育所培养的“学术型和工程型人才”，又有别于中职教育所培养的“技术操作型人才”。在实施过程中，应注意按照技术应用型人才来设计培养模式和教学模式。高等院校在办好学历教育的同时，也要加强高等职业教育的在岗培训、继续教育和职业资格证书教育等，把学历教育与职业培训相结合，职前教育与职后教育并重；既要针对职业岗位（群），又要着眼于劳动者的整个职业生涯；形成多种办学模式和教学模式，以适应社会的多种需求。基地在人才培养过程中应针对产业需求确定专业群建设标准、针对工作任务的典型化需求训练适应多岗位的专业技能、针对校企合作过程中规模企业的订单需求开发课程，同时完善学历文凭加多种职业资格证书制度，注重提高人才培养的社会适应性；开展与中等职业教育以及本科教育的衔接，构建人才成长的通道。

在产教融合实训基地的建设中，政府机构为产教融合实训基地建立实训指导教师师资共享平台，在现代工业中心的高等教育资源共享中将起到非常重要的作用。在基地内建立高等院校教师个人档案资料库并汇总形成区域高等教育师资共享信息资源平台，为基地高等教育师资资源共享创造良好的条件与平台，能够使基地内各高校的人事部门和教务部门及时准确地了解其他院校的师资情况，从而为择优选师、教师及时补缺等工作打好基础。同时，还应为区域高等教育师资教学建立合理、统一的考评机制。教师考核评价制度的完善有助于高校之间教师资源共享得以长期健康的发展，实训基地内高等院校间应相互认可教师在其他院校的工作业绩，从而确保教师们在各个院校工作的质量和效果。

产教融合实训基地还应紧紧基于基地集聚发展、资源共享、优势互补的基础条件，坚持把开放共享贯穿高等教育综合改革试点的全过程。基地应不断完善区域公共服务平台建设，通过建立学生生产性实训基地、创业教育基地、就业服务基地和大学创业苗圃，为基地高等教育资源开放共享夯实基础。基地还应继续挖掘高等教育资源开放共享的深度，在专业、课程、教材、师资、学分互认、公共服务等领域寻求新突破，建立共享新机制。产教融合实训基地应进一步拓展开放共享的广度，构筑大开放格局。在发展与使用过程中应注重进一步拓展优化基地高等教育资源共享的平台，通过生产实训、创新创业实践、校企联合学院等多种形式，构建政、产、学、研相结合，校、企深度融合的新模式，进一步推动基地成为创业人才培养和国际化合作的有效载体。产教融合实训基地应对基地院校、科研机构以及高科技企业的"数字资源"进行有效整合，建立高速、安全、共享的城域网，建成一卡通支付系统、课程互选系统等；基地应扩大构建基于城域网共享的专业教学资源库、网络课程资源库、精品课程资源库、校企合作课程库、优秀学生作品库等高等教育资源库的种类与规模，以供基地合作高校共享。

四、满足优势职业能力需求

产教融合型实训基地建设的根本目标是实现"市场有需求学校能满足"。因此，必须将市场用人需求纳入对实训基地的建设中，加强理论与实践的结合。

职业教育实训基地在定位时需要考虑高素质、高层次技术技能人才的市场需求和职业院校实训基地的培养模式，这些是实践教学体系建设的先决条件。坚持科学定位，有助于职业院校明确办学方向，快速了解社会用人需求，从而加速教学改革，培养高质量、高满意度的人才。职业教育的最终目标是培养适应生产建设一线的高素质技术技能人才，了解市场需求、把握市场发展趋势是制订培养计划的前提，将用人需求与实训基地的建设管理联系在一起，有利于学校和社会实现双赢。

高等职业教育与普通高等教育的主要区别在于所培养的学生理论联系实践的能力较强，通过科学合理的课程教学安排，及时引导学生进行实践锻炼，有利于学生巩固理论知识的同时获得职业技能。此外，仿真性的工作情境、前沿的技术理论以及实时的设备更新均有助于提高学生的学习效率。

合作育人是校企合作共建区域产教融合型实训基地的出发点和落脚点，也是企业和学校共同希望实现的培养毕业生职业能力的一个重要途径。职业教育源于企业需求，同时也服务于企业需求，以学生的全面发展为目标，培育学生的社会责任感、实践能力和创新精神，通过整合实训资源，实现学校教学环境与企业现场环境对接、学校文化与企业文化对接，促进校企深度合作，系统培养区域产业发展所需要的高素质技术技能人才。学校对于学生的培养要立足区域特色，突出合作育人、合作发展，建立和完善协调运行机制，促进育人过程中各个要素与生产过程中各个要素的深度对接，努力发挥其职能。为了更好地实现校企合作，打通专业人才培养产业链，进一步提升毕业生的职业能力与企业需求的对接，具体可以从以下几点入手。

第一，建立行业企业全面参与实训教学的工作机制，充分利用行业企业在产业发展方向的把握、技能标准的实施、实训设备和实践指导师资等方面的优势，使企业在专业实践教学中发挥更大作用，促进人才培养标准与行业标准相对接，培育学生发现、提出、分析、解决问题的能力，不断提高专业人才培养的针对性和适应性。

第二，为人才培养提供创新实践平台，在企业建立顶岗实习和专业教师实践基地，推动企业积极接受学生顶岗实习，探究顶岗实习与就业一体化的有效途径。学校在组织学生顶岗实习时，应严格按照专业对口的原则。如果学校仅仅将学生视为廉价劳动力，甚至以此作为激发企业提供岗位的动力，不仅与其制定的人才培养目标相背离，而且这样的“校企合作”是不可能持续的。将顶岗实习转化为简单劳动，不但不能达到学校设计的目的，还会使学生对实习失去兴趣，从而影响其对本职业的正确认知。

第三，构建开放在线课程平台，挖掘网络学习空间应用模式，将空间学习与课堂教学有机衔接，开展职业技能鉴定、企业员工培训，满足企业员工继续学习、终身发展的要求。

第四，在校企之间搭建信息化平台，将企业的生产过程、工艺流程和工作现场等资源引入实训基地，基于企业主动提供真实的生产项目或经营案例，开发实训项目和仿真实训软件，以企业标准为依据，形成按项目、按模块的教学培训标准，校企共建共享实训资源。

第五，校企共建专业工作室和技术服务平台，形成基于企业专业技术人员与基地院校专业教师定期换岗交流的机制，促进技术知识在校企之间的流动和共同创造。

第六节　以开放性思维共享实训基地

一、校间共通共享

在建立多元产教融合实训基地的校间共享共通方面，要引导合作方树立共享理念，打破学校间的壁垒，避免各自为战的分散式建设与运行，实现资源共享与业务协同，在合作学校范围内做到资源共享、优势互补，进而全面提升合作双方的服务能力与办学质量。

在目前校际合作建立的多元产教融合实训基地的共享程度还不够高的情况下，学校对送学生到外校实训时会在教学成本、教学效果、学生反映等方面存在一些顾虑，为打消学校的顾虑，为校际交流提供更好的平台，在此提出以下几点建议。

（一）采用协议方式，确保共享合作有据可依

在初期合作时，为确保共享工作顺利启动，学校间要本着相互理解、互利互惠的原则，进行坦诚协商。对双方关心的问题，要以协议形式明确双方的权利和义务，保证在教学组织、学生管理、考核鉴定、成本核算及其他双方达成共识的内容有效实施。

（二）坚持服务思想，确保共享工作长期进行

开展实训基地共享，要做到资源的合理配置，不能增加任何一方的负担。为此，合作

双方不要过多考虑盈利问题，要坚持服务思想，避免增加学校的教学成本和学生的经济负担，方便合作学校的师生。

（三）根据学校距离的远近，分成不同合作班型，采用灵活的时间表

对于近距离的学校采取随时随地型合作，对于远距离的学校采取集中教学型。普通训练型以理解掌握专业基本技能为目标，将合作学校的训练要求与职业资格标准相结合。培训与考证结合型班以职业技能鉴定标准为教学依据，把培训和考证相结合，学生完成实训，组织开展技能鉴定，发放技能等级证书。

（四）突出具有特色的实训品牌建设，合理利用区域职业教育资源

建立真正的区域性实训共享还须提高认识，克服“大而全、小而全”的发展思路，克服封闭攀比思想，树立区域教育观和资源共享观，以积极的态度共同推进资源共享。突出自身具有特色的实训品牌建设，合理利用区域职业教育资源，“不求所有、但求所用”，能够有效弥补自身资源不足的问题。

（五）促进区域性教育资源利用、促进办学质量的提高

开展基地共享工作应以促进区域性教育资源利用、促进办学质量提高为出发点，以让我们的学生享受最优质的教育服务为目的。基地提供方不应以营利为目的，应积极发挥教育资源功能，努力为合作伙伴提供最优质的服务。同时，需要双方以互信为基础、以诚信为准则，做到“资源共享、成本分摊”。

（六）制定要求和管理制度

实训基地共享工作的维系、发展，既需要学校之间建立协议，也迫切需要教育部门制定要求和管理制度，构建相应的评价指标体系，构建共享信息交换平台，制定扶持激励政策，从本质上促成共享局面的形成。

（七）基地共享有助于实现合作多赢

通过共享平台，有助于打破校间界限，降低育人成本，促进学校相互交流、取长补短、共同提高，有利于教师之间切磋学习，统一技术技能人才培养质量标准，提升实训教学质量，有助于学生拓宽接触面，增加新鲜感，开阔视野，强化技能，为他们成为能工巧匠奠定坚实的基础。

二、校企共通共享

既为产教融合型实训基地，那么建设必将由多主体共同完成，在其建设过程中，应当

设计形成互惠合作的新机制，提高企业和其他主体参与的积极性。

企业经营的直接目的是获取利润，与实训基地开展合作获得利益的程度决定企业合作的积极性。目前，社会主体在职业院校建设管理过程中的参与度较低，合作互惠的新机制能够扩大双方的潜在利益，进而提高满意度。首先政府应从全局角度统筹区域实训基地的建设，颁布相关的法律政策，同时提供相应资金支持，为职业教育营造健康的发展环境，还可以对某些企业施行税费减免政策，为企业员工提供免费的培训等，以提高企业参与的积极性。

我们可以通过学校、政府、企业、教师和学生之间的股权分配，实现资源的优化组合和共建共享，可有效提升实训基地所需资源的质量和数量，实现资金、技术、人才、厂房和设备等要素的优化配置，节约教育资源。通过校企合作、政企合作、校间合作、师生合作，集中各方优势，共建共享融教学、培训、职业技能鉴定、生产和技术研发为一体的综合实训基地，产生规模效应，实现优势互补，谋求多赢。

（一）资源共享

第一，信息资源共享。学校应根据市场和企业的人力资源需求变化，及时更新教学大纲和教学内容，保证实训基地的教学效果。以政府公布的就业统计数据为参考，以合作企业的实际需求为基础，优化专业设置，提前介入专业培养。在保证教学质量的前提下，按周期调整招生专业和招生规模，更新实训内容。在强化“订单式”“学徒制”人才培养的基础上，建立人才需求信息传导机制和职场预备役班级，拓宽学生就业渠道。

第二，人才资源共享。无论是政府、企业还是职业院校，都拥有丰富的管理和技术人才，教师和学生则为实训基地具体业务的开展提供了丰富的劳动力支持。实训基地的决策层、管理层、业务层应充分发挥各方的人力资本优势，并在结合自身业务的前提下，以绩效考核结果为依据，对人力资本进行开发。企业工程技术人员作为兼职教师指导或参与指导学生，教师也可以成为企业的兼职工程技术人员。此外，实训基地领导层的选拔不应局限于学校内部，还应吸引外来优秀管理人才，保证外来高管不低于一个合理比例。避免高管交叉任职，权力集中在少部分人手中。

第三，权力资源共享。现代公司治理模式使教师和学生成了实训基地的股东，与政府、企业和学校共同参与基地决策，增强了教师和学生的积极性。市场化的企业运作机制将劳动者升级为股东，最大限度地激发和调动教师和学生的生产积极性、集体意识和创造性。

（二）功能共享

加强校企合作共建实训基地的共享功能建设，可以最大限度地提升实训基地的实用价值。将职业院校和企业的资源进行充分整合，为企业提供相关的职业技能培训，将学校教学与企业培训相结合，并吸收企业成熟的生产工艺，将生产、教学、实训、服务融入教学过程中，为企业提供所需人才。企业专业技术人才也可受聘于学校，参与学校教学。加强实训基地之间的合作，建立实训基地交换生项目，共享先进教学资源。还可整合技能培训和职业资格鉴定职能，彼此之间提供技术支持、服务支持等。

基于实训基地及企业资源，实现职业院校与行业企业合一、实训与生产同步、育人与创收共赢的“三位同体”的基地运行模式。学校与企业不是两个并列机构，是体现双重功能的一个实体，两者所有的行为均是同步进行的，其结果是学生学到了技能，企业也能够获得利润。

三、基地全面开放

开放产教融合型实训基地是以职业院校为基础，政府发挥统筹协调功能，结合产业结构调整，整合学校和企业的资源，集中资金投入建设的实训基地。开放产教融合型实训基地面向职业教育、劳动力培训、企业技术改造和技术创新，最大限度地实现了资源共享，使之成为技能型紧缺人才的培养培训基地、农村劳动力转移培训的桥梁、社区教育和服务的窗口、校企合作的载体、产学结合的平台。

实训基地的全面开放可以实现资金的有效利用；可以实现由学习型实训向生产型实训的转变；有利于职业院校与大中型企业的合作；可以实现资源优化配置，避免重复建设与资源浪费；可以实现资源共享；可以加速服务区域产业转型升级。产教融合型实训基地的建成，可进一步提升职业院校的人才培养质量，为周边企业提供人才、技术保障，更好地为社会经济发展服务，为产业转型升级提供人力资源保障。

我们建立的产教融合型实训基地不仅要与诸多企业建立合作关系，还要设立专门的服务部门和高效的服务团队，以进一步跟进服务和交流，从而避免项目的虎头蛇尾，如在实训师资培训、实训项目开发、重要课题的协作等方面，要做到学校与企业、培训机构等紧密联系，要真正体现“对内实行企业化管理，对外实行准市场化运作”的共享机制的特色。对实训基地全面开放的具体建议如下。

（一）科学规划，准确定位

产教融合型实训基地为学生理论与实践的结合提供训练的场地，目的是让学生自己动手进行专业设计和实际操作，尽快熟悉并掌握本专业的主要设备仪器及专用工具，同时要熟知本专业的生产工艺流程、基本技能要领、专业技术技能。因此，产教融合型实训基地建设要科学规划，准确定位。

（二）合理配置，确保先进

产教融合型实训基地建设在一定程度上代表了行业发展的先进水平，它的起点要高，所使用的装备不应低于企业的现实水平。产教融合型实训基地建设既是对应企业中新产品、新技术的研发基地，又是成熟技术的应用基地。教师及学生应该充分利用产教融合型实训基地的设备条件和自身的智力资源，不断研究新技术、开发新产品，积极开展技术改造和科技开发等活动。

（三）校企结合，资源共享

产教融合型实训基地要根据当前职业院校、企业需要或专业技术领域对知识和能力的要求，制定相应的培训大纲和课程设置培训项目。除面向职业学校学生实施岗前的职业培训外，也可面向社会开展职业培训，甚至可以为一些企业的职工进行技能培训、待岗培训、转岗培训等各类技术教学，实现资源共享。

学校需要努力做到在实训基地有企业项目和研发项目，每位实训教师都承接有企业项目，组成项目组，带领学生团队去完成。学校实训基地可以将学生实训、实习与承担企业项目融为一体，形成产业链，不仅解决了资金问题，还可以赢得学校声誉，而且使教师和学生能将所学到的知识和技能应用在跨学科、多元化的综合科技开发和创新上，形成了校企互惠互利、共同提高、共同发展的良性循环。

综上所述，产教融合型实训基地建设，要充分发挥政府的统筹协调作用，促进校企深度合作。引导和鼓励职业院校以专业对接产业为纽带，与行业、企业和区域经济建设紧密联系，创新多元化职业教育发展模式，实现资源共享和优势互补，形成教学链、产业链、利益链的融合体，建立校企合作双赢机制，以合作办学促发展，以合作育人促进就业，实现不同区域、不同层次职业教育协调发展。

参考文献

[1] 祝木伟，毛帅，赵琛．产教融合型实训基地建设与评价研究［M］．北京：中国矿业大学出版社有限责任公司，2020.

[2] 王忠诚．利益共同体视域下高职院校深化产教融合的实践探索［M］．长春：东北师范大学出版社，2020.

[3] 黄立．产教融合背景下高职院校“双师型”教师团队建设研究［M］．长春：吉林人民出版社，2020.

[4] 陈增红，杨秀终．职业教育产教融合人才培养模式研究［M］．北京：中国社会科学出版社，2020.

[5] 易露霞．应用型民办高校校企合作探索与实践［M］．北京：北京理工大学出版社，2020.

[6] 周哲民，万秋红．校企协同视域下工科高职院校技术技能积累与创新［M］．北京：北京理工大学出版社，2020.

[7] 王帆．推动实践与创新创业能力培养［M］．昆明：云南大学出版社有限责任公司，2020.

[8] 王丽燕．地方本科高校转型发展研究［M］．大连：大连理工大学出版社，2020.

[9] 黄艳．产教融合的研究与实践［M］．北京：北京理工大学出版社，2019.

[10] 许士密．行业学院模式下地方高校产教融合专业群建设研究［M］．青岛：中国海洋大学出版社，2019.

[11] 卢彰诚．产教深度融合的电子商务专业群人才培养体系创新研究与实践［M］．延吉：延边大学出版社，2019.

[12] 张群，徐玮玮．基于产教融合的应用型本科院校实训实验体系构建［M］．天津：天津科学技术出版社，2019.

[13] 周开权．中国职业教育产学研一体化发展研究［M］．苏州：苏州大学出版社，2019.

[14] 杨鹏．实践教学改革与探索［M］．北京：北京理工大学出版社，2019.

[15] 陈国祥，邵明．应用型人才培养的探究与实践［M］．镇江：江苏大学出版社，2019.

[16] 曾凡远．高职建设类专业群建设路径与实证研究［M］．镇江：江苏大学出版

社，2019.
［17］涂宝军. 大应用观与应用型人才培养［M］. 南京：南京大学出版社，2019.
［18］祝木田. 高职产教融合研究［M］. 成都：四川大学出版社，2018.
［19］喻国铭. 机械创新与产教融合新思考［M］. 北京：中国水利水电出版社，2018.
［20］赖每. 产教融合、校企合作新体［M］. 桂林：广西师范大学出版社，2018.
［21］和震，李玉珠，魏明. 职业教育产教融合制度创新［M］. 北京：科学出版社，2018.
［22］张俊英，王欢. 企业与学校产教融合专业建设的理论与实践［M］. 北京：北京教育出版社，2018.
［23］汤晓燕. 基于产教融合背景下的创新创业人才培养探究［M］. 北京：煤炭工业出版社，2018.
［24］林娜，程道品. 产教融合育人才［M］. 北京：民主与建设出版社，2018.
［25］曾照香. 产教融合校企合作创新研究［M］. 成都：四川大学出版社，2018.
［26］赖每. 产教融合创新发展新体验［M］. 桂林：广西师范大学出版社，2018.
［27］张馨丹. 现代高职教育产教融合与制度创新［M］. 北京：现代出版社，2018.
［28］胡海燕，王莉彦. 基于产教融合人才培养模式的大学生思想教育研究［M］. 北京：北京工业大学出版社，2018.
［29］王建. 职业教育促进产城人融合发展［M］. 上海：同济大学出版社，2018.
［30］王云清. 混合所有制实训基地建设的研究与实践［M］. 北京：知识产权出版社，2018.